BBQ santé

Édition : Emilie Mongrain
Infographie : Chantal Landry
Traitement des images : Johanne Lemay
Révision : Lucie Desaulniers
Correction : Sylvie Massariol

Auteure : Geneviève O'Gleman, nutritionniste
Directrice de création : Catherine Gravel, Quatre par Quatre
Directrice artistique : Emilie Deshaies, Quatre par Quatre
Productrice : Ginette Gauthier
Directrice de production : Maude Beauregard
Créatrice des recettes et contenus : Geneviève O'Gleman, nutritionniste
Chef d'équipe nutrition : Marianne Denis, nutritionniste
Équipe nutrition (analyses, recherche et rédaction) : Cynthia Chaput, Andrée-Anne Harvey, Jef L'Ecuyer et Marie-Pier Leroux, nutritionnistes
Équipe cuisine (développement et validation) : Jef L'Ecuyer et Marie-Pier Leroux, nutritionnistes
Calcul des valeurs nutritives : Sydnée L'Ecuyer
Révisions scientifiques : Allergies Québec (p. 135)
Adjointe de Geneviève : Justine Lauzon, nutritionniste
Photographe : Maude Chauvin, assistée de Alma Kismic
Styliste en chef : Daniel Raiche
Styliste culinaire : Marie-Christine Champagne
Maquillage coiffure : Amélie Thomas
Chargée de projets marketing et partenariats : Adrianne Langlois
Chargée de projets communication et médias sociaux : Mylène Tétreault
Assistante-secrétaire de production : Mélanie Green
Aide à la rédaction : Catherine Nguyen
Maison pour la photo en couverture : Daniel Raiche
Maisons pour les photos d'ambiance : Marie-Christine Champagne et Kim Giroux
Cuisine d'appoint : Doyon Després
Relations de presse : Geneviève Côté, GC Relations Médias, (514) 963-5565, genevieve.rp@gmail.com

04-20

Imprimé au Canada

Dépôt légal : 2020
Bibliothèque et Archives nationales du Québec

ISBN (version papier) 978-2-7619-5406-8
ISBN (version numérique) 978-2-7619-5407-5

DISTRIBUTEURS EXCLUSIFS :

Pour le Canada et les États-Unis :
MESSAGERIES ADP inc.*
Téléphone : 450-640-1237
Internet : www.messageries-adp.com
* filiale du Groupe Sogides inc., filiale de Québecor Média inc.

Pour la France et les autres pays :
INTERFORUM editis
Téléphone : 33 (0) 1 49 59 11 56/91
Service commandes France Métropolitaine
Téléphone : 33 (0) 2 38 32 71 00
Internet : www.interforum.fr
Service commandes Export — DOM-TOM
Internet : www.interforum.fr
Courriel : cdes-export@interforum.fr

Pour la Suisse :
INTERFORUM editis SUISSE
Téléphone : 41 (0) 26 460 80 60
Internet : www.interforumsuisse.ch
Courriel : office@interforumsuisse.ch
Distributeur : OLF S.A.
Commandes :
Téléphone : 41 (0) 26 467 53 33
Internet : www.olf.ch
Courriel : information@olf.ch

Pour la Belgique et le Luxembourg :
INTERFORUM BENELUX S.A.
Téléphone : 32 (0) 10 42 03 20
Internet : www.interforum.be
Courriel : info@interforum.be

Catalogage avant publication de Bibliothèque et Archives nationales du Québec et Bibliothèque et Archives Canada

Titre: BBQ santé / Geneviève O'Gleman.
Noms: O'Gleman, Geneviève, 1978- auteur.
Description: Comprend un index.
Identifiants: Canadiana 20200074725 | ISBN 9782761954068
Vedettes-matière: RVM: Cuisine au barbecue. | RVM: Cuisine santé. | RVMGF: Livres de cuisine.
Classification: LCC TX840.B3 O35 2020 | CDD 641.5/784—dc23

Gouvernement du Québec – Programme de crédit d'impôt pour l'édition de livres – Gestion SODEC — www.sodec.gouv.qc.ca

L'Éditeur bénéficie du soutien de la Société de développement des entreprises culturelles du Québec pour son programme d'édition.

Conseil des arts du Canada | Canada Council for the Arts

Nous remercions le Conseil des arts du Canada de l'aide accordée à notre programme de publication.

Financé par le gouvernement du Canada | Funded by the Government of Canada | Canada

Nous reconnaissons l'aide financière du gouvernement du Canada par l'entremise du Fonds du livre du Canada pour nos activités d'édition.

GENEVIÈVE O'GLEMAN
NUTRITIONNISTE

BBQ santé

LES ÉDITIONS DE L'HOMME

Édito

Le barbecue, c'est LE symbole de l'été. Dès que les belles journées se montrent le bout du nez, nous avons envie de soleil, de bonne humeur et de simplicité. Ça tombe bien, c'est exactement ça l'esprit d'un bon barbecue ! Laissons les arômes de grillades envahir les rues de nos quartiers et profitons de nos cours, de nos balcons et de nos ruelles pour célébrer l'été de façon gourmande !

Bien que je sois nutritionniste, je ne vous demanderai pas d'abandonner ce mode de cuisson ultra festif au nom de la santé. Ce serait insensé ! Notre barbecue, on l'aime (et avec raison) !

J'ai plutôt envie de vous prouver que les mots BBQ et santé sont loin d'être incompatibles et que le barbecue, ce n'est pas toujours synonyme de plats décadents et de steaks de dinosaure !

De plus, notre belle planète ne prend pas de vacances l'été. Réduire notre consommation de viande et faire une plus grande place aux protéines végétales et aux légumes devrait demeurer un objectif quotidien, douze mois par année.

Ce livre regorge donc d'irrésistibles recettes végé, de légumes grillés et de belles assiettes colorées. La viande n'a pas été écartée, mais elle est maintenant particulièrement bien entourée et servie avec des accompagnements santé qui séduisent par leur originalité.

Et disons-le franchement, l'univers du barbecue est très masculin. Il y a encore beaucoup de testostérone autour des flammes. Le barbecue, c'est souvent l'affaire de nos chums, de nos papas, de nos colocs, de nos beaux-frères et de nos oncles. Avouons-le, les filles, souvent, ça nous arrange de leur laisser le champ libre pour préparer le repas...

Le hic, c'est qu'on se prive des plaisirs du barbecue quand il n'y a pas de gars autour pour allumer la bête. On ne sait pas trop comment s'y prendre, on n'ose pas s'aventurer, on a peur d'y laisser nos sourcils (je le sais, j'ai moi aussi longtemps regardé le barbecue de loin)... Voilà exactement pourquoi j'ai bâti un livre non pas destiné aux pros du gril, mais accessible à tous. Et ça, ça veut aussi dire pour ceux qui en sont à leurs premières armes et même ceux dont le sourcil tremble encore, mais qui ont envie de se lancer enfin. Osez ! Vous verrez que le barbecue, ça s'apprivoise, un petit truc et une recette à la fois.

À l'image des autres livres de ma collection, ce livre mise sur la santé, bien sûr, mais surtout sur la simplicité et le plaisir... toujours le plaisir ! Expérimentez sans crainte et sans prétention et, surtout, amusez-vous !

Laissez tomber vos préjugés. Cet été, le barbecue sera santé (et c'est même vous qui l'aurez allumé) !

Geneviève

SOMMAIRE

RECETTES

ASTUCES

Végé

Poissons

Volailles

Viandes

Marinades

Sauces

Trempettes et vinaigrettes

Desserts

Cocktails

Pour la liste complète des recettes, voir p. 250-251

Le bar à burgers

Le *king* du barbecue

Qu'est-ce qu'on fait pour souper l'été quand on ne veut pas que ce soit compliqué ? Des burgers, sans hésiter. Quand les amis débarquent pour se baigner ? Encore des burgers. Quand les voisins traversent pour aider avec les rénos ? Des burgers, toujours des burgers. C'est l'indétrônable roi de l'été. Dès qu'on lance l'idée, elle est approuvée à l'unanimité. Je vous propose de nouvelles idées à *flipper* sur votre barbecue, pour que la dynastie règne sur votre balcon pour encore plusieurs générations !

ÉTAPE 1

Le pain

Ne sous-estimez pas son importance. Il n'y a pas que la galette qui compte ! Pour un burger qui sort de l'ordinaire, choisissez un pain à la hauteur de vos ambitions. Passez à la boulangerie du coin et laissez-vous tenter par une option différente chaque fois. Ciabatta, muffin anglais, pain portugais, brioché, kaiser, aux œufs, au levain, au sésame, au fromage, au romarin, aux olives… vive la variété !

ÉTAPE 2

La sauce

C'est ce qui habille le burger, qui le rend savoureux, juteux et différent. Habitué de ketchup-moutarde-mayo, je vous mets au défi d'explorer d'autres condiments. Sortez tous les petits pots qui dorment au fond du frigo et amusez-vous. Laissez-vous inspirer par ces choix épicés, sucrés, citronnés, frais ou relevés. Vous verrez, il y en a pour tous les goûts !

- ☐ Aïoli (mayonnaise à l'ail)
- ☐ Baba ganoush (purée d'aubergine)
- ☐ Chimichurri rojo (voir p. 206)
- ☐ Dijonnaise
- ☐ Guacamole (purée d'avocat)
- ☐ Houmous (purée de pois chiches)
- ☐ Ketchup
- ☐ Ketchup aux fruits
- ☐ Mayonnaise ou végénaise
- ☐ Mayo au raifort (voir p. 207)
- ☐ Mayo chipotle (voir p. 154)
- ☐ Mouhamara (purée de poivrons et de noix)
- ☐ Moutarde (jaune, forte, de Dijon, à l'ancienne, au miel)
- ☐ Relish
- ☐ Salsa de concombre et de radis (voir p. 209)
- ☐ Salsa mexicaine
- ☐ Salsa piquante à l'ananas (voir p. 207)
- ☐ Salsa verde
- ☐ Sauce au cari et à la lime (voir p. 19)
- ☐ Sauce aux câpres et aux fines herbes (voir p. 208)
- ☐ Sauce BBQ (voir p. 209)
- ☐ Sauce chili
- ☐ Sauce classique (voir p. 19)
- ☐ Sauce crémeuse aux câpres et à l'aneth (voir p. 19)
- ☐ Sauce crémeuse menthe et harissa (voir p. 19)
- ☐ Sauce citronnée aux pistaches (voir p. 208)
- ☐ Sauce crémeuse à la moutarde et au miel (voir p. 206)
- ☐ Sauce tartare
- ☐ Sauce tzatziki
- ☐ Tartinade de tofu à la méditerranéenne (voir p. 155)
- ☐ Yogourt grec nature ou assaisonné

Sauce au cari et à la lime ←

Sauce classique →

Sauce crémeuse menthe et harissa ↓

↑ Sauce crémeuse aux câpres et à l'aneth

Sauce au cari et à la lime

Dans un petit bol, mélanger 60 ml (1/4 tasse) de mayonnaise, 60 ml (1/4 tasse) de yogourt grec nature, 7,5 ml (1/2 c. à soupe) de sirop d'érable, 5 ml (1 c. à thé) de poudre de cari et le zeste de 1 lime.

Donne environ 125 ml (1/2 tasse).
Se conserve 5 jours au réfrigérateur et ne se congèle pas.

Sauce classique

Dans un petit bol, mélanger 1/2 échalote française hachée finement, 60 ml (1/4 tasse) de mayonnaise, 60 ml (1/4 tasse) de yogourt grec nature, 30 ml (2 c. à soupe) de relish verte sucrée, 15 ml (1 c. à soupe) de moutarde jaune, 5 ml (1 c. à thé) de paprika, 1 ml (1/4 c. à thé) de poudre d'ail et une pincée de sel.

Donne environ 180 ml (3/4 tasse).
Se conserve 5 jours au réfrigérateur et ne se congèle pas.

Sauce crémeuse aux câpres et à l'aneth

Dans un petit bol, mélanger 60 ml (1/4 tasse) de mayonnaise, 60 ml (1/4 tasse) de yogourt grec nature, 30 ml (2 c. à soupe) de câpres hachées finement et 15 ml (1 c. à soupe) d'aneth frais haché finement.

Donne environ 125 ml (1/2 tasse).
Se conserve 5 jours au réfrigérateur et ne se congèle pas.

Sauce crémeuse menthe et harissa

Dans un petit bol, mélanger 60 ml (1/4 tasse) de mayonnaise, 60 ml (1/4 tasse) de yogourt grec nature, 15 ml (1 c. à soupe) de menthe fraîche hachée finement et 2,5 ml (1/2 c. à thé) de pâte harissa (voir p. 253).

Donne environ 125 ml (1/2 tasse).
Se conserve 5 jours au réfrigérateur et ne se congèle pas.

ÉTAPE 3

Les garnitures

Avec tous les beaux légumes et fruits frais ainsi que la panoplie de fromages québécois disponibles au marché, je n'ai qu'un conseil : éclatez-vous ! Le classique burger laitue-tomate peut aller se rhabiller, la compétition arrive. Et ce sera toute une performance.

Légumes et fruits

- ☐ Ananas grillé
- ☐ Bébé kale
- ☐ Carotte râpée
- ☐ Champignons sautés
- ☐ Concombre tranché
- ☐ Jeunes épinards
- ☐ Laitue (frisée, Boston, romaine, iceberg, mâche, roquette, mesclun)
- ☐ Légumes grillés (aubergine, champignons, courgette, oignon, poivron)
- ☐ Mangue tranchée
- ☐ Micropousses, luzerne
- ☐ Oignon cru en rondelles ou caramélisé
- ☐ Pêche fraîche ou grillée, en quartiers
- ☐ Poire tranchée
- ☐ Poivron en julienne
- ☐ Pomme tranchée
- ☐ Salade de chou
- ☐ Tomate tranchée

Fromages

- ☐ Bleu
- ☐ Bocconcini
- ☐ Brie
- ☐ Camembert
- ☐ Cheddar doux ou fort
- ☐ Chèvre
- ☐ Edam
- ☐ Emmental
- ☐ Feta
- ☐ Gouda
- ☐ Halloumi grillé
- ☐ Havarti
- ☐ Jarlsberg
- ☐ Monterey jack
- ☐ Mozzarella
- ☐ Oka
- ☐ Parmesan
- ☐ Pecorino
- ☐ Provolone
- ☐ Suisse

ÉTAPE 4

La galette

C’est la base, la fondation de votre burger ! Et elle ne sera pas moins solide si vous optez pour des protéines végétales, alors osez diminuer ou même éliminer la portion de viande. De 100 % viande à 100 % végé, je vous propose tout plein d’entre-deux, des plus classiques aux plus excentriques, pour réduire votre consommation de viande en douceur ou à pleine vapeur. Laissez la galette vous surprendre, ou peut-être même vous déstabiliser, le temps d’un repas. Pourquoi pas ? Ça ne vous fera pas mal et, qui sait, peut-être aimerez-vous le vent de fraîcheur qui soufflera sur votre traditionnel burger ?

Galettes de dinde aux épinards et au feta

Préchauffer le barbecue à puissance élevée pour atteindre environ 290 °C (550 °F). Dans un grand bol, mélanger 1 bloc de 450 g de tofu extra ferme râpé, 450 g (1 lb) de dinde hachée, 500 ml (2 tasses) de jeunes épinards hachés finement, 250 ml (1 tasse) de fromage feta émietté, 30 ml (2 c. à soupe) de moutarde de Dijon, 5 ml (1 c. à thé) d'origan séché et 2 gousses d'ail hachées finement. Poivrer généreusement et ajouter une pincée de sel. Façonner 8 galettes avec les mains en pressant pour qu'elles se tiennent bien à la cuisson. Déposer les galettes sur la grille du barbecue, fermer le couvercle et cuire 8 minutes en retournant à mi-cuisson.

Donne 8 galettes.
Se conserve 3 jours au réfrigérateur
ou 3 mois au congélateur.

Galettes végé à la betterave

Préchauffer le barbecue à puissance élevée pour atteindre environ 290 °C (550 °F). Dans une grande assiette, à l'aide d'une fourchette, écraser grossièrement 1 boîte de 540 ml de pois chiches rincés et égouttés. Dans un grand bol, mélanger les pois chiches écrasés, 375 ml (1 1/2 tasse) de betteraves crues pelées et râpées, 250 ml (1 tasse) de flocons d'avoine à cuisson rapide, 2 œufs, 125 ml (1/2 tasse) de graines de tournesol, 45 ml (3 c. à soupe) de moutarde à l'ancienne (moutarde de Meaux), 30 ml (2 c. à soupe) de sauce soya réduite en sodium et 2 gousses d'ail hachées finement. Poivrer généreusement et ajouter une pincée de sel. Façonner 6 galettes avec les mains en pressant pour qu'elles se tiennent bien à la cuisson. Réduire la température du barbecue à feu moyen pour atteindre environ 200 °C (400 °F). Déposer les galettes sur une feuille de cuisson réutilisable pour grillades (de type Cookina), fermer le couvercle et cuire 10 minutes en retournant à mi-cuisson.

Donne 6 galettes.
Se conserve 4 jours au réfrigérateur
ou 3 mois au congélateur.

Galettes de bœuf aux portobellos

Préchauffer le barbecue à puissance élevée pour atteindre environ 290 °C (550 °F). Dans un grand bol, mélanger 2 champignons portobellos hachés finement, 450 g (1 lb) de bœuf haché maigre et 15 ml (1 c. à soupe) de sauce hoisin (voir p. 253). Poivrer généreusement. Façonner 4 galettes avec les mains en pressant pour qu'elles se tiennent bien à la cuisson. Déposer les galettes sur la grille du barbecue, fermer le couvercle et cuire 6 minutes en retournant à mi-cuisson.

Donne 4 galettes.
Se conserve 3 jours au réfrigérateur
ou 3 mois au congélateur.

Galettes de veau

Préchauffer le barbecue à puissance élevée pour atteindre environ 290 °C (550 °F). Dans un grand bol, mélanger 450 g (1 lb) de veau haché, 125 ml (1/2 tasse) de chapelure panko (voir p. 252) et 1 œuf. Poivrer généreusement et ajouter une pincée de sel. Façonner 4 galettes avec les mains en pressant pour qu'elles se tiennent bien à la cuisson. Déposer les galettes sur la grille du barbecue, fermer le couvercle et cuire 8 minutes en retournant à mi-cuisson.

Donne 4 galettes.
Se conserve 3 jours au réfrigérateur
ou 3 mois au congélateur.

Galettes de dinde aux épinards et au feta
Galettes végé à la betterave
Galettes de bœuf aux portobellos
Galettes de veau

ÉTAPE 5

Le petit plus

Prenez un instant pour regarder ce que vous avez déjà mis dans votre burger et questionnez-vous sur ce qui pourrait être ajouté pour le compléter. Un peu de salé ou de sucré ? Une pointe de piquant ? Du croustillant ? De l'exotisme ? De la fraîcheur ? C'est la touche finale qui manquait pour que votre burger soit parfait.

- ☐ Artichauts, aubergines ou poivrons grillés marinés
- ☐ Bruschetta aux tomates, aux olives ou aux champignons
- ☐ Câpres ou caprons
- ☐ Champignons marinés
- ☐ Choucroute
- ☐ Chutney
- ☐ Confiture d'abricots
- ☐ Confiture d'oignons
- ☐ Cornichons à l'aneth
- ☐ Gelée de pomme
- ☐ Herbes fraîches (aneth, basilic, ciboulette, coriandre, menthe, persil)
- ☐ Kimchi
- ☐ Olives ou tapenade
- ☐ Pancetta ou prosciutto
- ☐ Pâte de cari indienne
- ☐ Pesto de basilic ou de tomates séchées
- ☐ Piments forts
- ☐ Raifort (voir p. 253)
- ☐ Sauce hoisin (voir p. 253)
- ☐ Sauce HP
- ☐ Sauce piquante (pâte harissa (voir p. 253), sriracha, sambal œlek, Tabasco)
- ☐ Tomates séchées

HP

Burger de veau au fromage de chèvre et à l'avocat

Même pas besoin d'ajouter des condiments. Il est parfait ainsi. Promis.

PORTIONS – 4

PRÉPARATION – 20 MIN

CUISSON – 10 MIN

INGRÉDIENTS

Galettes de veau (voir p. 22) – la recette complète

Pains ciabatta carrés – 4

Fromage de chèvre non affiné à pâte molle – 1 paquet de 125 g

Avocat – 1

Lime – 1

PRÉPARATION

1 Préchauffer le barbecue à puissance élevée pour atteindre environ 290 °C (550 °F).

2 Si les galettes ont été cuites à l'avance, réchauffer 5 minutes sur la grille du barbecue. Sinon, préparer les galettes selon les indications de la recette à la page 22.

3 Une minute avant la fin de la cuisson des galettes, réchauffer les pains sur la grille du barbecue, face coupée vers le bas, en retournant à mi-cuisson.

4 Éteindre les brûleurs du barbecue. Répartir le fromage de chèvre sur les galettes, fermer le couvercle et laisser fondre le fromage 2 minutes.

5 Pendant ce temps, couper l'avocat en fines tranches et la lime en quartiers.

6 Répartir les galettes sur la base des pains et garnir de tranches d'avocat. Presser les quartiers de lime directement sur l'avocat, fermer en sandwichs et servir.

Cette recette est meilleure préparée à la dernière minute, mais les galettes se conservent 3 jours au réfrigérateur ou 3 mois au congélateur.

VALEUR NUTRITIVE

Calories 609 – Protéines 35 g – Lipides 24 g – Glucides 67 g – Fibres 10 g – Sodium 750 mg

Végé burger à la betterave et salsa pomme-radis

Le *party* va lever maintenant que la betterave s'est montrée la bette au barbecue.

PORTIONS — 6

PRÉPARATION — 30 MIN

CUISSON — 10 MIN

INGRÉDIENTS

Galettes végé à la betterave (voir p. 22) — la recette complète

Pains à hamburger — 6

Yogourt grec nature — 60 ml (1/4 tasse)

Mayonnaise — 60 ml (1/4 tasse)

Micropousses (au choix) — 125 ml (1/2 tasse)

Feuille de cuisson réutilisable pour grillades (de type Cookina)

SALSA POMME-RADIS

Radis — 4

Pomme — 1

Vinaigre de vin blanc — 30 ml (2 c. à soupe)

Moutarde à l'ancienne (moutarde de Meaux) — 10 ml (2 c. à thé)

PRÉPARATION

1. Préchauffer le barbecue à puissance élevée pour atteindre environ 290 °C (550 °F).
2. Si les galettes ont été cuites à l'avance, réchauffer 5 minutes sur une feuille de cuisson réutilisable, sur la grille du barbecue. Sinon, préparer les galettes selon les indications de la recette à la page 22.
3. Une minute avant la fin de la cuisson des galettes, réchauffer les pains sur la grille du barbecue, face coupée vers le bas, en retournant à mi-cuisson.
4. Couper les radis et la pomme en julienne et déposer dans un bol moyen. Ajouter le vinaigre et la moutarde. Bien mélanger.
5. Dans un petit bol, mélanger le yogourt grec et la mayonnaise.
6. Tartiner la base des pains de mayo au yogourt. Déposer les galettes sur la base des pains. Garnir de salsa pomme-radis et de micropousses. Fermer en sandwichs et servir.

Cette recette est meilleure préparée à la dernière minute, mais les galettes se conservent 4 jours au réfrigérateur ou 3 mois au congélateur.

VALEUR NUTRITIVE

Calories 460 — Protéines 16 g — Lipides 15 g — Glucides 55 g — Fibres 7 g — Sodium 611 mg

Burger de dinde au tzatziki

Ne cherchez pas le tofu, il a complètement disparu !

PORTIONS – 8

PRÉPARATION – 20 MIN

CUISSON – 8 MIN

INGRÉDIENTS

Galettes de dinde aux épinards et au feta (voir p. 22) – la recette complète

Pains briochés – 8

Tomates – 2

Cornichons à l'aneth – 4

Sauce tzatziki – 250 ml (1 tasse)

Aneth frais – 125 ml (1/2 tasse)

Laitue Boston – 8 feuilles

PRÉPARATION

1 Préchauffer le barbecue à puissance élevée pour atteindre environ 290 °C (550 °F).

2 Si les galettes ont été cuites à l'avance, réchauffer 5 minutes sur la grille du barbecue. Sinon, préparer les galettes selon les indications de la recette à la page 22.

3 Une minute avant la fin de la cuisson des galettes, réchauffer les pains sur la grille du barbecue, face coupée vers le bas, en retournant à mi-cuisson.

4 Trancher les tomates et les cornichons.

5 Tartiner la base des pains de sauce tzatziki. Répartir les galettes, les tomates, les cornichons, l'aneth et la laitue. Fermer en sandwichs et servir.

Cette recette est meilleure préparée à la dernière minute, mais les galettes se conservent 3 jours au réfrigérateur ou 3 mois au congélateur.

VALEUR NUTRITIVE

Calories 387 – Protéines 27 g – Lipides 18 g – Glucides 30 g – Fibres 2 g – Sodium 789 mg

Burger de bœuf classique

Un classique modernisé, avec une *twist* semi-végé.

PORTIONS – 4

PRÉPARATION – 20 MIN

CUISSON – 6 MIN

INGRÉDIENTS

Galettes de bœuf aux portobellos (voir p. 22) – la recette complète

Pains à hamburger – 4

Poivrons rouges grillés marinés – 250 ml (1 tasse)

Cornichons à l'aneth – 2

Oignon rouge – 1/2

Moutarde jaune – 30 ml (2 c. à soupe)

Mayonnaise – 30 ml (2 c. à soupe)

Laitue frisée – 4 feuilles

Tranches de fromage cheddar orange – 4

PRÉPARATION

1. Préchauffer le barbecue à puissance élevée pour atteindre environ 290 °C (550 °F).

2. Si les galettes ont été cuites à l'avance, réchauffer 5 minutes sur la grille du barbecue. Sinon, préparer les galettes selon les indications de la recette à la page 22.

3. Une minute avant la fin de la cuisson des galettes, réchauffer les pains sur la grille du barbecue, face coupée vers le bas, en retournant à mi-cuisson.

4. Égoutter les poivrons. Trancher les cornichons et l'oignon.

5. Tartiner les pains de moutarde et de mayonnaise. Déposer les feuilles de laitue sur la base des pains. Répartir les galettes, les tranches de fromage, les poivrons grillés, l'oignon et les cornichons. Fermer en sandwichs et servir.

Cette recette est meilleure préparée à la dernière minute, mais les galettes se conservent 3 jours au réfrigérateur ou 3 mois au congélateur.

VALEUR NUTRITIVE

Calories 512 – Protéines 33 g – Lipides 24 g – Glucides 38 g – Fibres 3 g – Sodium 897 mg

Végé burger au tempeh BBQ

Végé et carnivores attablés autour d'un même burger rassembleur.

PORTIONS — 6

PRÉPARATION — 20 MIN

CUISSON — 10 MIN

INGRÉDIENTS

Sauce BBQ (voir p. 209) — 125 ml (1/2 tasse)
Farine tout usage — 60 ml (1/4 tasse)
Graines de lin moulues — 30 ml (2 c. à soupe)
Assaisonnement au chili à la mexicaine (voir p. 252) — 15 ml (1 c. à soupe)
Vinaigre blanc — 30 ml (2 c. à soupe)
Sucre — 2,5 ml (1/2 c. à thé)
Oignon rouge — 1/2
Tempeh — 1 paquet de 240 g
Haricots noirs — 1 boîte de 540 ml
Pains kaiser — 6
Jeunes épinards — 250 ml (1 tasse)
Feuille de cuisson réutilisable pour grillades (de type Cookina)

PRÉPARATION

1 Dans un grand bol, mélanger la sauce BBQ, la farine, les graines de lin et l'assaisonnement au chili.
2 Dans un petit bol allant au four à micro-ondes, chauffer 30 ml (2 c. à soupe) d'eau, le vinaigre et le sucre 30 secondes.
3 Trancher finement l'oignon et déposer dans le bol. Réserver.
4 Préchauffer le barbecue à puissance élevée pour atteindre environ 290 °C (550 °F).
5 Hacher finement le tempeh. Rincer et égoutter les haricots noirs. Déposer les haricots dans une assiette et écraser à l'aide d'une fourchette.
6 Ajouter le tempeh et les haricots écrasés dans le bol avec la sauce barbecue et bien mélanger.
7 Façonner 6 galettes avec les mains en pressant pour qu'elles se tiennent bien à la cuisson.
8 Réduire la température du barbecue à feu moyen pour atteindre environ 200 °C (400 °F).
9 Placer la feuille de cuisson sur la grille du barbecue et déposer les galettes sur la feuille de cuisson. Fermer le couvercle et cuire 10 minutes en retournant à mi-cuisson.
10 Une minute avant la fin de la cuisson des galettes, réchauffer les pains sur la grille du barbecue, face coupée vers le bas.
11 Déposer les épinards et les galettes sur la base des pains grillés. Répartir les oignons marinés. Si désiré, garnir de rémoulade au céleri-rave (voir Note). Fermer en sandwichs et servir.

Cette recette est meilleure préparée à la dernière minute, mais les galettes se conservent 4 jours au réfrigérateur ou 3 mois au congélateur.

NOTE Pour préparer une rémoulade, râper un céleri-rave pour obtenir environ 500 ml (2 tasses). Déposer dans un bol moyen et ajouter 30 ml (2 c. à soupe) de mayonnaise, 30 ml (2 c. à soupe) de yogourt grec nature, 5 ml (1 c. à thé) de moutarde de Dijon et 5 ml (1 c. à thé) de vinaigre de cidre. Mélanger, poivrer généreusement et ajouter une pincée de sel.

VALEUR NUTRITIVE

Calories 403 — Protéines 21 g — Lipides 11 g — Glucides 56 g — Fibres 13 g — Sodium 611 mg

ASTUCES

Devenez maître du gril

Envie de maîtriser la bête, de gagner en confiance et surtout de réussir vos grillades ? Voici le b.a.-ba de la cuisson au barbecue. Suivez ces consignes et vous y arriverez sans difficulté.

ÉQUIPEZ-VOUS. Pas besoin d'avoir plein d'outils pour épater la galerie. Une paire de longues pinces robustes, une spatule à long manche et une feuille de cuisson réutilisable pour grillades (de type Cookina) : voilà ce qu'il vous faut pour rapidement devenir un pro.

ALLUMEZ VOTRE BARBECUE. Voici les étapes à respecter pour un allumage en toute sécurité :

1 Pour ne pas vous brûler le toupet, ouvrez d'abord le couvercle du barbecue.
2 Ouvrez ensuite la valve de la bonbonne.
3 Repérez le brûleur de contrôle grâce à une petite flamme illustrée ou à un autre symbole qui le distingue des autres. Placez-le à la position ouverte et appuyez sur le bouton d'allumage du barbecue. Une flamme apparaîtra.
4 Ouvrez ensuite le reste des brûleurs au maximum. La flamme se propagera d'un brûleur à l'autre.
5 Fermez le couvercle et laissez préchauffer le barbecue.

APPRIVOISEZ LES DIFFÉRENTS MODES DE CUISSON. La cuisson directe, alors que l'aliment est placé directement au-dessus des flammes, permet de cuire rapidement des aliments plus délicats. Pour les aliments qui demandent une cuisson plus longue ou qui sont enrobés d'une marinade sucrée, la cuisson indirecte est à privilégier.
Pour une cuisson indirecte optimale, éteignez le (ou les) brûleur(s) du centre et laissez ceux des extrémités ouverts. De cette façon, la chaleur circulera mieux et la cuisson des aliments déposés au centre du barbecue, au-dessus des brûleurs éteints, sera plus uniforme.

UTILISEZ UN THERMOMÈTRE À CUISSON. Pour obtenir le steak parfait à tout coup et un poulet complètement cuit, mais encore juteux, rien ne vaut un bon thermomètre à cuisson. Visez les températures suivantes : 74 °C pour le gibier et la volaille (entière ou hachée) et 71 °C pour le porc et les autres viandes hachées. Pour la cuisson d'un steak, visez les températures suivantes, selon vos goûts : saignant, 56 °C ; rosé, 63 °C ; à point, 71 °C ; bien cuit, 77 °C. Prenez soin de piquer le thermomètre dans la partie la plus épaisse de la viande en vous assurant d'aller jusqu'au centre, mais sans toucher à un os. Lorsque la viande atteint le bon degré de cuisson, retirez-la du gril et laissez-la reposer quelques minutes avant de la trancher. Vous obtiendrez une cuisson plus uniforme.

ENTRETENEZ VOS GRILLES. Avant et après chaque cuisson, quand les grilles sont chaudes, frottez-les avec un grattoir en bois. Les aliments auront moins tendance à coller et votre grillade n'héritera pas des restes carbonisés du repas précédent.

ÉTEIGNEZ VOTRE BARBECUE. Ouvrez le couvercle et fermez la bonbonne. Éteignez l'ensemble des brûleurs. Pour permettre à tout le gaz d'être brûlé, il est important d'éteindre les brûleurs après avoir fermé la bonbonne.

Vous voilà maintenant prêt à vous amuser tout l'été !

PROPERTY OF
MOLSON'S
BREWERY

Bases faciles

Prenez les devants pour profiter pleinement de votre été !

Trois bases pas compliquées pour être prêt à toutes les éventualités. Devancez la météo en préparant un saumon pour aller pique-niquer lorsque le soleil ne vous donnera pas envie de rentrer. Profitez d'un soir de pluie pour dépoussiérer votre mijoteuse et remplissez votre congélateur d'un délicieux porc effiloché pour toutes ces soirées où il fera trop beau pour cuisiner. Et si vous n'avez rien préparé de tout ça ? Eh bien, le pain plat sera là pour vous dépanner. Vive les soirées d'été improvisées !

Saumon laqué au miel et au garam masala

Am stram garam... tadam ! Une nouvelle épice vient d'arriver dans votre garde-manger.

PORTIONS – 12

PRÉPARATION – 10 MIN

CUISSON – 10 MIN

INGRÉDIENTS

Filet de saumon issu de la pêche durable, sans la peau – 1 kg (2 lb)

Miel – 125 ml (1/2 tasse)

Garam masala (voir p. 252) – 15 ml (1 c. à soupe)

Paprika fumé (voir p. 252) – 15 ml (1 c. à soupe)

Huile d'olive – 30 ml (2 c. à soupe)

Sel – 1 pincée

Feuille de cuisson réutilisable pour grillades (de type Cookina)

PRÉPARATION

1 Préchauffer le barbecue à puissance élevée pour atteindre environ 290 °C (550 °F).

2 Couper le saumon en morceaux d'environ 5 cm (2 po) de largeur.

3 Dans un grand bol, mélanger le reste des ingrédients. Ajouter le saumon et mélanger pour bien l'enrober.

4 Réduire la puissance du barbecue à feu moyen pour atteindre environ 200 °C (400 °F).

5 Placer la feuille de cuisson sur la grille du barbecue et déposer les morceaux de saumon sur la feuille de cuisson. Réserver la marinade restante. Au besoin, replier la partie mince du poisson sur elle-même pour éviter qu'elle cuise trop rapidement. Fermer le couvercle et cuire 5 minutes.

6 Retourner le saumon. À l'aide d'un pinceau de cuisine, badigeonner le poisson du reste de marinade. Refermer le couvercle et poursuivre la cuisson 5 minutes.

7 Réfrigérer ou intégrer à une recette.

Se conserve 3 jours au réfrigérateur ou 2 mois au congélateur.

VALEUR NUTRITIVE

Calories 209 – Protéines 15 g – Lipides 11 g – Glucides 13 g – Fibres 1 g – Sodium 55 mg

Salade d'épinards au saumon et au garam masala

Envie de salade et de barbecue ? Ça tombe bien, c'est la saison des mariages !

PORTIONS – 6

PRÉPARATION – 25 MIN

CUISSON – 15 MIN

INGRÉDIENTS

Quinoa — 180 ml (3/4 tasse)
Jeunes épinards — 2 L (8 tasses)
Pois mange-tout — 1 L (4 tasses)
Poivron rouge — 1
Carottes — 2
Saumon laqué au miel et au garam masala (voir p. 42) — 1/2 recette

VINAIGRETTE

Huile d'olive — 30 ml (2 c. à soupe)
Miel — 15 ml (1 c. à soupe)
Garam masala (voir p. 252) — 7,5 ml (1/2 c. à soupe)
Citrons — 2
Poivre et sel

PRÉPARATION

1. À l'aide d'un tamis, rincer le quinoa sous l'eau froide et égoutter.
2. Dans une casserole moyenne, déposer le quinoa et verser 375 ml (1 1/2 tasse) d'eau. Porter à ébullition à feu vif. Réduire à feu doux, couvrir et cuire 10 minutes. Retirer du feu et laisser reposer 5 minutes à couvert.
3. Dans un grand bol, mélanger l'huile, le miel et le garam masala. Directement au-dessus du bol, presser les citrons. Bien mélanger, poivrer généreusement et ajouter une pincée de sel.
4. Hacher grossièrement les épinards, couper les pois mange-tout en tronçons d'environ 2,5 cm (1 po) et le poivron en dés. Sans les peler, râper les carottes. Déposer les légumes dans le bol.
5. Ajouter le quinoa et bien mélanger. Répartir la salade dans 6 bols. Défaire le saumon en gros flocons, répartir dans les bols et servir.

Se conserve 2 jours au réfrigérateur et ne se congèle pas.

VALEUR NUTRITIVE

Calories 400 – Protéines 22 g – Lipides 17 g – Glucides 41 g – Fibres 5 g – Sodium 133 mg

Sous-marin au saumon et à l'aneth

Encore meilleur dégusté au parc, avec un thé glacé et un ukulélé !

PORTIONS – 6

PRÉPARATION – 15 MIN

INGRÉDIENTS

Mayonnaise — 60 ml (1/4 tasse)

Yogourt grec nature — 60 ml (1/4 tasse)

Poivre et sel

Concombre — 1

Saumon laqué au miel et au garam masala (voir p. 42) — 1/2 recette

Pains à sous-marin — 6 petits

Aneth frais — 125 ml (1/2 tasse)

PRÉPARATION

1. Dans un petit bol, mélanger la mayonnaise et le yogourt. Poivrer généreusement et ajouter une pincée de sel.

2. Trancher le concombre. Défaire le saumon en morceaux.

3. Trancher les pains sur la longueur.

4. Répartir la sauce, les tranches de concombre et le saumon dans les pains. Garnir d'aneth et servir.

Cette recette est meilleure préparée à la dernière minute, mais se conserve 2 jours au réfrigérateur.

VALEUR NUTRITIVE

Calories 530 – Protéines 24 g – Lipides 21 g – Glucides 58 g – Fibres 3 g – Sodium 649 mg

Bol-repas au saumon à l'indienne

Aussi coloré que votre plate-bande en plein été !

PORTIONS – 6

PRÉPARATION – 20 MIN

CUISSON – 20 MIN

INGRÉDIENTS

Petits pois surgelés – 375 ml (1 1/2 tasse)

Gingembre frais – 45 ml (3 c. à soupe) râpé

Riz basmati – 375 ml (1 1/2 tasse)

Sel – 2,5 ml (1/2 c. à thé)

Curcuma moulu – 2,5 ml (1/2 c. à thé)

Tomates cerises – 375 ml (1 1/2 tasse)

Menthe fraîche – 80 ml (1/3 tasse)

Huile d'olive – 15 ml (1 c. à soupe)

Poivre

Saumon laqué au miel et au garam masala (voir p. 42) – 1/2 recette

PRÉPARATION

1. Porter de l'eau à ébullition.
2. Déposer les petits pois dans un bol moyen, couvrir d'eau bouillante et laisser reposer.
3. À l'aide d'une râpe fine, sans le peler, râper le gingembre.
4. À l'aide d'un tamis, rincer le riz sous l'eau froide et égoutter.
5. Dans une casserole moyenne, verser 750 ml (3 tasses) d'eau. Ajouter le riz, le sel, le curcuma et le gingembre.
6. Porter à ébullition à feu vif. Réduire à feu doux, couvrir et cuire 15 minutes. Retirer du feu et laisser reposer 5 minutes à couvert.
7. Pendant ce temps, couper les tomates en quatre et hacher finement la menthe.
8. Égoutter les petits pois et les remettre dans le bol. Ajouter les tomates, la menthe et l'huile. Bien mélanger et poivrer généreusement.
9. Répartir le riz et les légumes dans 6 bols.
10. Couper le saumon en 6 morceaux et répartir dans les bols. Servir.

Se conserve 2 jours au réfrigérateur et ne se congèle pas.

VALEUR NUTRITIVE

Calories 450 – Protéines 21 g – Lipides 14 g – Glucides 60 g – Fibres 4 g – Sodium 301 mg

Porc braisé à l'ananas à la mijoteuse

Sortez votre mijoteuse l'été pour préparer ce porc effiloché les bras croisés.

DONNE — 2,5 L (10 TASSES)
PRÉPARATION — 20 MIN
CUISSON — 8 H

INGRÉDIENTS

Ananas frais — 1
Rôti d'épaule de porc picnic avec l'os — 2,5 kg (5 lb)
Sauce hoisin (voir p. 253) — 125 ml (1/2 tasse)
Flocons de piment fort — 5 ml (1 c. à thé)
Poivre

PRÉPARATION

1 Peler l'ananas et le couper en tranches minces.

2 Retirer la couenne et le gras visible du rôti.

3 Déposer le porc dans le récipient de la mijoteuse. Verser la sauce hoisin sur le porc et saupoudrer de flocons de piment fort. Répartir les tranches d'ananas et poivrer généreusement.

4 Couvrir et cuire 8 heures à faible intensité.

5 À l'aide de deux fourchettes, effilocher le porc. Retirer les morceaux de gras et l'os. Conserver les tranches d'ananas.

6 Réfrigérer ou intégrer à une recette.

Se conserve 4 jours au réfrigérateur ou 4 mois au congélateur.

NOTE Profitez des journées plus fraîches pour faire des réserves de porc effiloché. Vous l'apprécierez quand la canicule se pointera le bout du nez !

VALEUR NUTRITIVE (pour 125 ml / 1/2 tasse)

Calories 253 — Protéines 16 g — Lipides 17 g — Glucides 9 g — Fibres 1 g — Sodium 157 mg

Quesadilla au porc braisé et à l'ananas

Les amis restent à souper ? Cette recette pas compliquée vous permettra d'étirer la soirée.

PORTIONS – 4

PRÉPARATION – 20 MIN

CUISSON – 10 MIN

INGRÉDIENTS

Poivron rouge – 1

Ananas braisé (voir p. 53) – 2 tranches

Coriandre fraîche – 80 ml (1/3 tasse)

Fromage cheddar – 90 g (3 oz) ou 180 ml (3/4 tasse) râpé

Porc braisé à l'ananas (voir p. 53) – 250 ml (1 tasse) effiloché

Tortillas de blé entier – 4 grandes

Huile d'olive – 7,5 ml (1/2 c. à soupe)

PRÉPARATION

1 Préchauffer le barbecue à puissance élevée pour atteindre environ 290 °C (550 °F).

2 Couper le poivron et l'ananas en dés, hacher la coriandre et râper le fromage. Déposer dans un grand bol.

3 Ajouter le porc effiloché et bien mélanger.

4 Déposer les tortillas sur un plan de travail. Répartir la garniture sur la moitié de chaque tortilla et plier en deux.

5 À l'aide d'un pinceau de cuisine, badigeonner les quesadillas d'huile.

6 Réduire la puissance du barbecue à feu doux pour atteindre environ 150 °C (300 °F).

7 Déposer les quesadillas sur la grille du barbecue, fermer le couvercle et cuire de 8 à 10 minutes ou jusqu'à ce que le fromage soit fondu, en retournant à mi-cuisson.

8 Retirer les quesadillas du barbecue. Couper en pointes et servir.

Cette recette est meilleure préparée à la dernière minute.

VALEUR NUTRITIVE

Calories 440 – Protéines 19 g – Lipides 22 g – Glucides 41 g – Fibres 5 g – Sodium 536 mg

Tostada au porc braisé et à l'avocat

On met tout au centre de la table et chacun se sert. On appelle ça du festif sans effort !

PORTIONS – 6

PRÉPARATION – 20 MIN

CUISSON – 10 MIN

INGRÉDIENTS

Oignon rouge — 1 petit
Vinaigre blanc — 60 ml (1/4 tasse)
Sucre — 5 ml (1 c. à thé)
Limes — 2
Avocat — 1
Maïs en grains surgelé — 250 ml (1 tasse)
Porc braisé à l'ananas (voir p. 53) — 500 ml (2 tasses) effiloché
Ananas braisé (voir p. 53) — 4 tranches
Fromage feta — 90 g (3 oz) ou 125 ml (1/2 tasse) émietté
Piment jalapeno — 1 (facultatif)
Tostadas de maïs (voir p. 253) — 12
Feuille de cuisson réutilisable pour grillades (de type Cookina)

PRÉPARATION

1 Trancher finement l'oignon.

2 Dans un bol moyen allant au four à micro-ondes, chauffer 60 ml d'eau (1/4 tasse), le vinaigre et le sucre 45 secondes. Ajouter l'oignon et réserver.

3 Couper les limes en quartiers et l'avocat en lamelles. Déposer l'avocat dans une petite assiette et presser 1 quartier de lime au-dessus. Répartir les autres quartiers de lime dans l'assiette.

4 Préchauffer le barbecue à puissance élevée pour atteindre environ 290 °C (550 °F).

5 Déposer la feuille de cuisson sur la grille du barbecue et répartir le maïs sur la feuille de cuisson. Sans fermer le couvercle, dorer 5 minutes en remuant à plusieurs reprises à l'aide d'une spatule. Transférer le maïs dans un bol de service.

6 Déposer le porc sur la feuille de cuisson. Placer les tranches d'ananas directement sur la grille. Sans fermer le couvercle, réchauffer 5 minutes en retournant les ananas à mi-cuisson. Transférer le porc dans un bol de service.

7 Couper les ananas en dés et déposer dans un petit bol. Égoutter l'oignon. Émietter le feta. Trancher finement le jalapeno et retirer les graines, si désiré. Placer toutes les garnitures dans des bols au centre de la table.

8 Pour assembler, déposer le porc sur les tostadas. Garnir au goût.

Cette recette est meilleure préparée à la dernière minute.

VALEUR NUTRITIVE

Calories 459 – Protéines 18 g – Lipides 26 g – Glucides 41 g – Fibres 7 g – Sodium 416 mg

Grilled cheese au porc braisé et à la sauce hoisin

Un *grilled cheese* à la rescousse des soirées d'été occupées.

PORTIONS – 4

PRÉPARATION – 15 MIN

CUISSON – 12 MIN

INGRÉDIENTS

Fromage cheddar fort — 125 g (4 oz) ou 250 ml (1 tasse) râpé

Porc braisé à l'ananas (voir p. 53) — 250 ml (1 tasse) effiloché

Pain au levain — 8 tranches

Sauce hoisin (voir p. 253) — 20 ml (4 c. à thé)

PRÉPARATION

1 Préchauffer le barbecue à puissance élevée pour atteindre environ 290 °C (550 °F).

2 Râper le fromage et hacher grossièrement le porc effiloché.

3 Déposer 4 tranches de pain sur une surface de travail. Répartir le fromage râpé et le porc effiloché. Fermer en sandwichs avec les 4 autres tranches de pain.

4 À l'aide d'un pinceau de cuisine, badigeonner les deux côtés du sandwich de sauce hoisin.

5 Réduire la puissance du barbecue à feu doux pour atteindre environ 150 °C (300 °F).

6 Déposer les *grilled cheese* sur la grille du barbecue, fermer le couvercle et cuire 12 minutes en retournant à mi-cuisson.

7 Couper les sandwichs en deux et servir avec des crudités.

Cette recette est meilleure préparée à la dernière minute.

VALEUR NUTRITIVE

Calories 460 — Protéines 22 g — Lipides 19 g — Glucides 48 g — Fibres 4 g — Sodium 772 mg

Pain plat rapide

Loin d'être plate, ses marques de bronzage épatent !

PORTIONS — 4

PRÉPARATION — 15 MIN

REPOS — 15 MIN

CUISSON — 8 MIN

INGRÉDIENTS

Gousses d'ail — 2
Farine tout usage — 375 ml (1 1/2 tasse)
Poudre à pâte — 10 ml (2 c. à thé)
Sel — 2,5 ml (1/2 c. à thé)
Yogourt grec nature — 250 ml (1 tasse)
Huile d'olive — 30 ml (2 c. à soupe)

PRÉPARATION

1. Hacher finement l'ail.
2. Dans un grand bol, à l'aide d'une fourchette, mélanger la farine, la poudre à pâte et le sel.
3. Former un puits au centre et verser le yogourt et l'huile. Ajouter l'ail et mélanger à la fourchette.
4. Directement dans le bol, pétrir la pâte 2 minutes. Former une boule, couvrir d'un linge à vaisselle propre et laisser reposer 15 minutes.
5. Préchauffer le barbecue à puissance élevée pour atteindre environ 290 °C (550 °F).
6. Intégrer dans une recette (voir p. 62-67) ou couper la boule de pâte en quatre et sur un plan de travail propre et fariné, étirer la pâte avec les mains farinées pour obtenir 4 disques d'environ 0,5 cm (1/4 po) d'épaisseur.
7. Déposer les pains directement sur la grille du barbecue. Fermer le couvercle et cuire de 6 à 8 minutes ou jusqu'à ce que les pains soient bien grillés, en retournant à mi-cuisson.

Cette recette est meilleure préparée à la dernière minute.

VALEUR NUTRITIVE

Calories 279 — Protéines 12 g — Lipides 8 g — Glucides 39 g — Fibres 1 g — Sodium 505 mg

Pain plat à la ricotta citronnée et au maïs

Parfait pour l'apéro, pour un dîner rapido ou un souper mollo !

PORTIONS — 4

PRÉPARATION — 25 MIN

CUISSON — 20 MIN

INGRÉDIENTS

Pâte à pain plat rapide (voir p. 60) — la recette complète

Épi de maïs (voir Note) — 1

Fromage ricotta — 325 ml (1 1/3 tasse) ou 1 contenant de 300 g

Citron — 1/2

Ciboulette fraîche — 15 ml (1 c. à soupe)

Graines de citrouille — 30 ml (2 c. à soupe)

Huile d'olive — 7,5 ml (1/2 c. à soupe)

Fleur de sel — 1 pincée

Piment de Cayenne moulu — 1 pincée

PRÉPARATION

1. Préchauffer le barbecue à puissance élevée pour atteindre environ 290 °C (550 °F).
2. Sur un plan de travail propre et fariné, étirer la pâte avec les mains farinées pour obtenir un grand rectangle de 0,5 cm (1/4 po) d'épaisseur.
3. Déposer la pâte directement sur la grille du barbecue, fermer le couvercle et cuire de 8 à 10 minutes ou jusqu'à ce que le pain soit bien grillé, en retournant à mi-cuisson.
4. Retirer le pain du barbecue et déposer dans une grande assiette ou sur une planche de bois.
5. Éplucher l'épi de maïs et déposer sur la grille du barbecue. Sans fermer le couvercle, cuire de 5 à 7 minutes ou jusqu'à ce que les grains soient dorés, en retournant à quelques reprises.
6. Directement au-dessus du contenant de ricotta, presser le citron et mélanger. Hacher finement la ciboulette et égrainer l'épi de maïs.
7. Répartir la ricotta sur le pain. Ajouter le maïs, les graines de citrouille et la ciboulette. Garnir d'huile d'olive, de fleur de sel et de piment de Cayenne. Servir.

Cette recette est meilleure préparée à la dernière minute.

NOTE Si ce n'est pas la saison du maïs, utilisez tout simplement 250 ml (1 tasse) de maïs en grains surgelé et faites-le dorer sur une feuille de cuisson réutilisable (de type Cookina).

VALEUR NUTRITIVE

Calories 471 — Protéines 24 g — Lipides 18 g — Glucides 54 g — Fibres 3 g — Sodium 722 mg

Pain plat à la libanaise

Votre fin palais saluera ce petit souper vite fait.

PORTIONS – 6

PRÉPARATION – 20 MIN

CUISSON – 10 MIN

INGRÉDIENTS

Pâte à pain plat rapide (voir p. 60) — la recette complète
Agneau haché – 450 g (1 lb)
Noix de pin – 60 ml (1/4 tasse)
Mélange quatre-épices (voir Note) – 10 ml (2 c. à thé)
Cannelle moulue – 2,5 ml (1/2 c. à thé)
Poivre et sel
Menthe fraîche – 60 ml (1/4 tasse)
Fromage labneh (voir p. 252) – 250 ml (1 tasse)
Zaatar (voir p. 253) – 15 ml (1 c. à soupe)

PRÉPARATION

1. Préchauffer le barbecue à puissance élevée pour atteindre environ 290 °C (550 °F). Déposer un poêlon en fonte sur la grille du barbecue et fermer le couvercle.
2. Couper la boule de pâte en six. Sur un plan de travail propre et fariné, étirer la pâte avec les mains farinées pour obtenir 6 disques d'environ 0,5 cm (1/4 po) d'épaisseur. Réserver.
3. Déposer l'agneau dans le poêlon et émietter à l'aide d'une spatule. Ajouter les noix de pin, saupoudrer de mélange quatre-épices et de cannelle. Mélanger, poivrer généreusement et ajouter une pincée de sel.
4. Déposer les pains sur la grille du barbecue. Fermer le couvercle et cuire de 6 à 8 minutes ou jusqu'à ce que les pains soient bien grillés, en retournant à mi-cuisson.
5. Retirer les pains du barbecue. Remuer la viande, fermer le couvercle et poursuivre la cuisson 5 minutes ou jusqu'à ce que la viande soit dorée. Retirer du barbecue.
6. Hacher finement la menthe.
7. Répartir la viande sur les pains plats, garnir de labneh, de menthe et de zaatar. Servir avec une salade verte, si désiré.

Cette recette est meilleure assemblée à la dernière minute, mais le mélange de viande se conserve 3 jours au réfrigérateur ou 6 mois au congélateur.

NOTE Le mélange quatre-épices contient de la cannelle, du clou de girofle, du piment de la Jamaïque et de la muscade. À ne pas confondre avec le piment de la Jamaïque pur, aussi appelé quatre-épices ou *allspice*.

VALEUR NUTRITIVE

Calories 443 – Protéines 26 g – Lipides 24 g – Glucides 30 g – Fibres 2 g – Sodium 580 mg

Salade de pêches grillées et de mozzarella di buffala

Une ovation bien méritée pour les trois stars de ce plat :
la mozzarella, la pêche et le pain plat !

PORTIONS – 4

PRÉPARATION – 20 MIN

CUISSON – 15 MIN

INGRÉDIENTS

Pâte à pain plat rapide (voir p. 60) — la recette complète
Pêches — 2
Céleri — 2 branches
Concombres libanais — 2
Mozzarella di buffala — 1 boule de 100 g
Roquette — 1,5 L (6 tasses) ou 1 barquette de 142 g
Poivre du moulin
Fleur de sel

VINAIGRETTE

Moutarde de Dijon — 15 ml (1 c. à soupe)
Huile d'olive — 30 ml (2 c. à soupe)
Sirop d'érable — 30 ml (2 c. à soupe)
Vinaigre balsamique — 15 ml (1 c. à soupe)

PRÉPARATION

1. Préchauffer le barbecue à puissance élevée pour atteindre environ 290 °C (550 °F).
2. Couper la boule de pâte en quatre. Sur un plan de travail propre et fariné, étirer la pâte avec les mains farinées pour obtenir 4 disques d'environ 0,5 cm (1/4 po) d'épaisseur.
3. Déposer les pains sur la grille du barbecue. Fermer le couvercle et cuire de 6 à 8 minutes ou jusqu'à ce que les pains soient bien grillés, en retournant à mi-cuisson.
4. Couper les pêches en quartiers.
5. Déposer les quartiers de pêche sur la grille du barbecue. Sans fermer le couvercle, cuire de 5 à 7 minutes ou jusqu'à ce qu'ils soient bien grillés, en retournant à mi-cuisson.
6. Pendant ce temps, trancher finement le céleri, couper les concombres en rondelles et déchirer la mozzarella.
7. Dans un grand bol de service, mélanger la moutarde, l'huile, le sirop d'érable et le vinaigre. Ajouter la roquette, le céleri et les concombres. Bien mélanger.
8. Répartir les quartiers de pêche sur la salade, garnir de mozzarella, de poivre concassé et d'une pincée de fleur de sel. Servir avec les pains plats grillés.

Cette recette est meilleure préparée à la dernière minute.

VALEUR NUTRITIVE

Calories 497 – Protéines 19 g – Lipides 21 g – Glucides 60 g – Fibres 4 g – Sodium 705 mg

Un BBQ végé

Pour poursuivre sur notre belle lancée

Ce n'est pas parce que c'est l'été qu'on doit cesser nos efforts pour manger moins de viande. Notre précieuse planète n'est pas en vacances, elle. Même si l'association barbecue et viande est bien ancrée, osez secouer vos habitudes en déposant autre chose sur les grilles. Transformez vos plats de légumes en repas complets en leur ajoutant une protéine végétale, comme du tofu, des légumineuses ou du tempeh. Laissez-vous charmer par les couleurs, les parfums et les textures, et faites de vos nouvelles créations végé, les pièces maîtresses de votre repas.

Tofu grillé au pesto et bruschetta rapide

Pas envie d'être brusqué pour préparer le souper ? Une bruschetta, et puis voilà !

PORTIONS – 4

PRÉPARATION – 15 MIN

REPOS – 15 MIN

CUISSON – 12 MIN

INGRÉDIENTS

Citron – 1

Vinaigre de vin blanc – 45 ml (3 c. à soupe), divisé

Miel – 30 ml (2 c. à soupe)

Poivre et sel

Tofu extra ferme – 1 bloc de 350 ou 450 g

Pesto au basilic – 60 ml (1/4 tasse)

Tomates – 4

Basilic frais – 30 ml (2 c. à soupe)

Gousse d'ail – 1

Huile d'olive – 15 ml (1 c. à soupe)

PRÉPARATION

1. Directement au-dessus d'un grand bol, à l'aide d'une râpe fine, zester le citron, puis le presser. Verser 30 ml (2 c. à soupe) de vinaigre et le miel. Bien mélanger. Poivrer généreusement et ajouter une pincée de sel.
2. Couper le bloc de tofu en 4 tranches épaisses sur la longueur. Déposer dans le bol avec la marinade et mélanger pour bien les enrober. Laisser mariner pour un minimum de 15 minutes.
3. Préchauffer le barbecue à puissance élevée pour atteindre environ 290 °C (550 °F).
4. Déposer les tranches de tofu sur la grille du barbecue. Sans fermer le couvercle, cuire 6 minutes.
5. Retourner le tofu. À l'aide d'un pinceau de cuisine, badigeonner de pesto et poursuivre la cuisson 6 minutes.
6. Pendant ce temps, couper les tomates en dés. Hacher finement le basilic et l'ail. Déposer dans un bol moyen.
7. Verser le reste du vinaigre (15 ml / 1 c. à soupe) et l'huile. Bien mélanger.
8. Déposer le tofu grillé dans une assiette de service et garnir de bruschetta. Servir avec des croûtons de pain.

Cette recette est meilleure préparée à la dernière minute, mais le tofu se conserve 4 jours au réfrigérateur.

VALEUR NUTRITIVE

Calories 286 – Protéines 17 g – Lipides 18 g – Glucides 18 g – Fibres 2 g – Sodium 174 mg

Patates douces grillées à la mexicaine

Végé, coloré, pas compliqué… ce sera le hit de votre été !

PORTIONS – 4

PRÉPARATION – 20 MIN

CUISSON – 25 MIN

INGRÉDIENTS

Patates douces – 2

Huile d'olive – 30 ml (2 c. à soupe), divisée

Poivron rouge – 1

Poivron jaune – 1

Coriandre fraîche – 250 ml (1 tasse)

Haricots noirs – 1 boîte de 540 ml

Lime – 1

Cumin moulu – 5 ml (1 c. à thé)

Paprika fumé (voir p. 252) – 1 ml (1/4 c. à thé)

Fromage feta – 90 g (3 oz) ou 125 ml (1/2 tasse) émietté

PRÉPARATION

1 Préchauffer le barbecue à puissance élevée pour atteindre environ 290 °C (550 °F).

2 Couper les patates douces en tranches de 1 cm (3/8 po) sur la longueur. Avec la pointe d'un couteau, faire des incisions de chaque côté des tranches pour former des carreaux.

3 À l'aide d'un pinceau de cuisine, badigeonner les patates de 15 ml (1 c. à soupe) d'huile.

4 Réduire la puissance du barbecue à feu moyen pour atteindre environ 200 °C (400 °F)

5 Déposer les tranches de patate sur la grille du barbecue, fermer le couvercle et cuire de 20 à 25 minutes ou jusqu'à ce qu'elles soient tendres, en retournant à mi-cuisson.

6 Pendant ce temps, couper les poivrons en dés et hacher la coriandre. Rincer et égoutter les haricots. Déposer dans un grand bol.

7 À l'aide d'une râpe fine, directement au-dessus du bol, zester la lime, puis la presser. Ajouter le reste de l'huile (15 ml / 1 c. à soupe), le cumin et le paprika. Bien mélanger.

8 Répartir les tranches de patate douce dans une grande assiette et garnir de salsa aux haricots noirs. Directement au-dessus de l'assiette, émietter le feta et servir.

Cette recette est meilleure préparée à la dernière minute, mais la salsa se conserve 4 jours au réfrigérateur.

VALEUR NUTRITIVE

Calories 331 – Protéines 15 g – Lipides 13 g – Glucides 42 g – Fibres 11 g – Sodium 467 mg

Aubergines grillées et salade de lentilles aux fines herbes

Parfaites pour les soirées d'été entre amis, avec une bonne bouteille de blanc et tout notre temps.

PORTIONS — 4

PRÉPARATION — 15 MIN

CUISSON — 20 MIN

INGRÉDIENTS

Moutarde de Dijon — 15 ml (1 c. à soupe)
Huile d'olive — 30 ml (2 c. à soupe)
Miel — 30 ml (2 c. à soupe)
Vinaigre de vin rouge — 30 ml (2 c. à soupe)
Poivre et sel
Aubergines — 2
Aneth frais — 60 ml (1/4 tasse)
Persil frais — 60 ml (1/4 tasse)
Lentilles — 1 boîte de 540 ml
Yogourt grec nature — 125 ml (1/2 tasse)

PRÉPARATION

1. Préchauffer le barbecue à puissance élevée pour atteindre environ 290 °C (550 °F).
2. Dans un grand bol, mélanger la moutarde, l'huile, le miel et le vinaigre. Poivrer généreusement et ajouter une pincée de sel.
3. Couper les aubergines en deux sur la longueur. Avec la pointe d'un couteau, faire des incisions dans la chair pour former des carreaux en évitant de transpercer la peau.
4. À l'aide d'un pinceau de cuisine, badigeonner la chair des aubergines de 30 ml (2 c. à soupe) de vinaigrette.
5. Réduire la puissance du barbecue à feu doux pour atteindre environ 150 °C (300 °F).
6. Déposer les aubergines sur la grille du barbecue, côté chair vers le haut, fermer le couvercle et cuire 20 minutes en retournant à mi-cuisson.
7. Pendant ce temps, hacher l'aneth et le persil. Rincer et égoutter les lentilles. Déposer dans le bol avec le reste de la vinaigrette et bien mélanger.
8. Répartir les aubergines dans 4 assiettes. Garnir de salade de lentilles et de yogourt grec. Servir.

Cette recette est meilleure préparée à la dernière minute.

VALEUR NUTRITIVE

Calories 303 — Protéines 15 g — Lipides 8 g — Glucides 47 g — Fibres 12 g — Sodium 150 mg

Salade d'été au tofu grillé

La salade par excellence pour le carnivore en vacances.

PORTIONS — 4

PRÉPARATION — 20 MIN

REPOS — 15 MIN

CUISSON — 25 MIN

INGRÉDIENTS

Gousses d'ail — 2
Vinaigre balsamique — 75 ml (5 c. à soupe), divisé
Moutarde de Dijon — 45 ml (3 c. à soupe), divisée
Sauce soya réduite en sodium — 30 ml (2 c. à soupe)
Huile d'olive — 45 ml (3 c. à soupe), divisée
Herbes de Provence — 10 ml (2 c. à thé), divisées
Poivre
Tofu extra ferme — 1 bloc de 350 ou 450 g
Haricots verts — 500 ml (2 tasses)
Tomates cerises — 375 ml (1 1/2 tasse)
Concombres libanais — 2
Mélange de laitue mesclun — 1,5 L (6 tasses) ou 1 barquette de 142 g
Feuille de cuisson réutilisable pour grillades (de type Cookina)

PRÉPARATION

1. Hacher finement l'ail et déposer dans un grand contenant hermétique. Ajouter 60 ml (4 c. à soupe) de vinaigre balsamique, 30 ml (2 c. à soupe) de moutarde, la sauce soya, 15 ml (1 c. à soupe) d'huile et 7,5 ml (1/2 c. à soupe) d'herbes de Provence. Poivrer généreusement.
2. Couper le bloc de tofu en 4 tranches sur la longueur, puis couper chaque tranche en deux pour former des triangles. Déposer dans le contenant, fermer le couvercle et bien agiter. Laisser mariner pour un minimum de 15 minutes.
3. Porter une moyenne casserole d'eau à ébullition à feu vif. Plonger les haricots dans l'eau bouillante 1 minute. Pendant ce temps, remplir un grand bol d'eau froide et de glace. À l'aide d'une pince, déposer les haricots dans l'eau glacée pour stopper la cuisson.
4. Couper les haricots en tronçons, les tomates cerises en deux et les concombres en rondelles.
5. Préchauffer le barbecue à puissance élevée pour atteindre environ 290 °C (550 °F).
6. Réduire la puissance du barbecue à feu moyen pour atteindre environ 200 °C (400 °F)
7. Placer la feuille de cuisson sur la grille du barbecue. Déposer le tofu sur la feuille de cuisson et réserver la marinade restante. Fermer le couvercle et cuire 20 minutes. Retourner et badigeonner de marinade à deux reprises pendant la cuisson.
8. Dans un grand bol de service, mélanger 45 ml (3 c. à soupe) d'eau et le reste de l'huile (30 ml / 2 c. à soupe), du vinaigre (15 ml / 1 c. à soupe), de la moutarde (15 ml / 1 c. à soupe) et des herbes de Provence (2,5 ml / 1/2 c. à thé).
9. Ajouter la laitue et les légumes. Mélanger pour bien les enrober.
10. Déposer les triangles de tofu sur la salade et servir.

Cette recette est meilleure préparée à la dernière minute, mais le tofu se conserve 4 jours au réfrigérateur.

VALEUR NUTRITIVE

Calories 332 — Protéines 20 g — Lipides 20 g — Glucides 21 g — Fibres 4 g — Sodium 545 mg

Chou-fleur grillé au cari

Aussi éblouissant que le soleil de midi !

PORTIONS — 4

PRÉPARATION — 15 MIN

CUISSON — 30 MIN

INGRÉDIENTS

Chou-fleur — 1

Poudre de cari — 15 ml (1 c. à soupe)

Huile d'olive — 30 ml (2 c. à soupe)

Sirop d'érable — 15 ml (1 c. à soupe)

Sel — 1 pincée

Citron — 1/2

Fromage labneh (voir p. 252) — 375 ml (1 1/2 tasse)

Persil frais — 60 ml (1/4 tasse)

Aneth frais — 60 ml (1/4 tasse)

Pistaches naturelles — 125 ml (1/2 tasse)

Feuille de cuisson réutilisable pour grillades (de type Cookina)

PRÉPARATION

1. Préchauffer le barbecue à puissance élevée pour atteindre environ 290 °C (550 °F).
2. Couper le chou-fleur en deux.
3. Dans un petit bol, mélanger la poudre de cari, l'huile, le sirop d'érable et le sel. Directement au-dessus du bol, presser le demi-citron.
4. Réduire la puissance du barbecue à feu moyen pour atteindre environ 200 °C (400 °F).
5. Placer la feuille de cuisson sur la grille du barbecue. Déposer le chou-fleur sur la feuille de cuisson, face coupée vers le haut.
6. À l'aide d'un pinceau de cuisine, badigeonner le chou-fleur d'environ la moitié de l'huile au cari. Fermer le couvercle du barbecue et cuire 15 minutes.
7. Retourner le chou-fleur, badigeonner du reste de l'huile au cari, fermer le couvercle et poursuivre la cuisson 15 minutes.
8. Pendant ce temps, étendre le labneh dans une assiette de service. Hacher grossièrement les herbes et les pistaches.
9. Déposer le chou-fleur sur le labneh. Garnir d'herbes fraîches et de pistaches. Servir.

Cette recette est meilleure préparée à la dernière minute.

VALEUR NUTRITIVE

Calories 350 — Protéines 16 g — Lipides 24 g — Glucides 21 g — Fibres 5 g — Sodium 333 mg

Intimidé par le barbecue ?

Je dis « barbecue » et vous imaginez tout de suite le pire ? Vous craignez de vous faire attaquer par les flammes, que votre barbecue explose ou de perdre vos sourcils à tout jamais ? C'est probablement parce que vous n'avez jamais osé l'utiliser. L'inconnu fait peur et, oui, il existe un risque, mais il ne faut pas non plus croire tout ce qu'on voit dans les films. C'est plus sécuritaire que vous le croyez et en suivant quelques consignes simples, vous verrez qu'il n'y a rien à craindre.

Laissez-moi vous guider et rapidement, vous vous sentirez tellement pro que vous aurez envie de recevoir tous vos amis à souper, juste pour les épater avec vos prouesses sur le gril.

PERSÉVÉREZ. C'est en cuisinant qu'on apprend à cuisiner. Ça vaut pour le barbecue également. Pensez à la première fois que vous avez utilisé un four et que vous ne saviez pas sur quels boutons appuyer. Je suis certaine qu'aujourd'hui, vous préchauffez votre four machinalement sans même y penser. C'est la même chose avec le barbecue ! Tout se fera plus naturellement lorsque vous aurez quelques repas derrière la cravate. C'est normal de faire des erreurs au début, mais ne vous découragez surtout pas si votre poulet est trop sec ou votre steak, pas parfaitement cuit comme vous l'aimez.

COMMENCEZ PAR LE COMMENCEMENT. Comme pour toute nouveauté, il faut y aller une étape à la fois. Est-ce qu'un apprenti pâtissier commence sa formation en confectionnant des macarons ? Je ne crois pas ! Il débute par les bases. Commencez par une recette facile que vous avez déjà préparée sur la cuisinière. Si vous n'avez jamais cuisiné le carré d'agneau et qu'en plus, c'est la première fois que vous utilisez le barbecue, le défi sera assurément plus grand ! Allez-y avec une valeur sûre, comme la poitrine de poulet, le filet de porc ou le burger.

VOYEZ LES AVANTAGES. L'été, c'est tellement l'*fun* de pouvoir cuisiner dehors. Il y a moins de vaisselle à laver et, lorsqu'il fait chaud, vous n'avez probablement pas envie de faire grimper la température de la cuisine. Ces avantages devraient vous convaincre de plonger, non ?

DEMANDEZ DE L'AIDE. Le barbecue est la spécialité de votre père, de votre tante ou de votre belle-sœur ? Ça sent bon dans la cour du voisin tous les soirs d'été ? Osez leur demander conseil, je parie qu'ils seront fiers de vous *coacher*.

RENSEIGNEZ-VOUS. Vous avez franchi un excellent premier pas en vous procurant ce livre, conçu précisément pour ceux qui font leurs premières armes devant le gril. Rendez-vous à la page 39 pour le b.a.-ba du barbecue. Prenez le temps de lire les conseils et d'explorer les recettes. Lorsque vous aurez suffisamment démystifié cette nouvelle technique de cuisson, vous sentirez que c'est le moment de passer à l'action.

Une fois vos craintes surmontées, vous vous demanderez pourquoi vous avez attendu tout ce temps avant de profiter de ce plaisir d'été !

L'ingrédient dépanneur

Pour se prélasser sans culpabilité

L'été, il faut profiter des belles soirées et briser la routine du reste de l'année. Une bavette de bœuf et un filet de porc au congélo, un bloc de fromage halloumi au frigo : avec ces trois ingrédients à portée de main, vous pourrez ralentir le rythme en sachant que vous avez tout ce qu'il faut pour cuisiner le souper, sans faire un détour au supermarché. Quoique, en pleine canicule, difficile de refuser une petite balade dans l'allée des surgelés !

Le filet de porc

À la fois tendre et pas cher, le filet de porc mérite sa place au soleil… ou sur les grilles du barbecue ! C'est une viande pratique à avoir sous la main. Ne sortez pas l'arsenal de condiments et d'épices, il aime la simplicité et n'a pas besoin de mariner longtemps. Et il fera assurément de vous, l'as du barbecue.

Filet de porc bulgogi

Bulgogi, kimchi, youpi ! Le *street food* coréen, c'est par ici !

PORTIONS – 4

PRÉPARATION – 20 MIN

REPOS – 15 MIN

CUISSON – 7 MIN

INGRÉDIENTS

Gousses d'ail – 2

Gingembre frais – 15 ml (1 c. à soupe) râpé

Miel – 60 ml (1/4 tasse)

Sauce soya réduite en sodium – 45 ml (3 c. à soupe)

Huile de sésame grillé – 15 ml (1 c. à soupe)

Sauce piquante sriracha – 5 ml (1 c. à thé)

Filet de porc – 1 ou environ 450 g (1 lb)

Feuille de cuisson réutilisable pour grillades (de type Cookina)

PRÉPARATION

1. Hacher finement l'ail et déposer dans un grand bol. À l'aide d'une râpe fine, sans le peler, râper le gingembre. Déposer dans le bol.

2. Ajouter le miel, la sauce soya, l'huile de sésame et la sriracha. Bien mélanger.

3. Couper le filet de porc en lanières et ajouter à la marinade. Remuer pour bien les enrober. Laisser mariner pour un minimum de 15 minutes.

4. Préchauffer le barbecue à puissance élevée pour atteindre environ 290 °C (550 °F).

5. Placer la feuille de cuisson sur la grille du barbecue. Déposer le porc sur la feuille de cuisson et verser la marinade sur le porc. Sans fermer le couvercle, cuire de 5 à 7 minutes ou jusqu'à ce que la viande soit caramélisée, en remuant à quelques reprises.

6. Servir le porc avec du riz, du brocoli et du kimchi. Garnir de graines de sésame, si désiré.

Se conserve 4 jours au réfrigérateur ou 3 mois au congélateur.

VALEUR NUTRITIVE

Calories 205 – Protéines 23 g – Lipides 6 g – Glucides 15 g – Fibres 0 g – Sodium 413 mg

Filet de porc à l'abricot

Aussi rassembleur qu'un beau feu de camp un soir d'août !

PORTIONS – 4

PRÉPARATION – 15 MIN

REPOS – 20 MIN

CUISSON – 12 MIN

INGRÉDIENTS

Filet de porc – 1 ou environ 450 g (1 lb)

Gingembre frais – 15 ml (1 c. à soupe) râpé

Confiture d'abricots – 125 ml (1/2 tasse)

Vinaigre de riz – 30 ml (2 c. à soupe)

PRÉPARATION

1. Couper le porc en deux sur la longueur.
2. À l'aide d'une râpe fine, sans le peler, râper le gingembre directement au-dessus d'un grand bol.
3. Ajouter la confiture d'abricots et le vinaigre de riz. Bien mélanger. Réserver 60 ml (1/4 tasse) de marinade dans un petit bol.
4. Déposer le porc dans le grand bol contenant le reste de la marinade et remuer pour bien l'enrober. Laisser mariner pour un minimum de 15 minutes.
5. Préchauffer le barbecue à puissance élevée pour atteindre environ 290 °C (550 °F).
6. Réduire la puissance du barbecue à feu moyen pour atteindre environ 200 °C (400 °F).
7. Déposer le porc sur la grille du barbecue en prenant soin de bien l'enrober de marinade. Fermer le couvercle et cuire 12 minutes en retournant à mi-cuisson.
8. À l'aide d'un pinceau de cuisine, badigeonner le porc de la marinade réservée.
9. Retirer la viande du barbecue, déposer dans une assiette et couvrir d'une autre assiette à l'envers. Laisser reposer 5 minutes.
10. Couper le porc en tranches. Servir avec du couscous de blé entier et une salade verte.

Se conserve 4 jours au réfrigérateur ou 4 mois au congélateur.

VALEUR NUTRITIVE

Calories 243 – Protéines 23 g – Lipides 2 g – Glucides 32 g – Fibres 0 g – Sodium 47 mg

Filet de porc sucré-salé

En camping ou au chalet, une recette à trois ingrédients, c'est ce qu'il vous fallait !

PORTIONS – 4

PRÉPARATION – 15 MIN

REPOS – 20 MIN

CUISSON – 10 MIN

INGRÉDIENTS

Filet de porc – 1 ou environ 450 g (1 lb)

Sauce aux huîtres (voir p. 253) – 60 ml (1/4 tasse)

Sirop d'érable – 30 ml (2 c. à soupe)

Feuille de cuisson réutilisable pour grillades (de type Cookina)

PRÉPARATION

1 Couper le porc en deux sur la longueur sans le trancher complètement, pour obtenir un filet ouvert en portefeuille.
2 Dans un grand bol, mélanger la sauce aux huîtres et le sirop d'érable.
3 Déposer le porc dans la marinade et bien mélanger pour l'enrober. Laisser mariner pour un minimum de 15 minutes.
4 Préchauffer le barbecue à puissance élevée pour atteindre environ 290 °C (550 °F).
5 Placer la feuille de cuisson sur la grille du barbecue. Déposer le porc sur la feuille de cuisson en prenant soin de bien l'enrober de marinade. Réserver la marinade restante. Fermer le couvercle et cuire 5 minutes.
6 Retourner le porc. À l'aide d'un pinceau de cuisine, badigeonner de marinade, fermer le couvercle et poursuivre la cuisson 5 minutes.
7 Retirer la viande du barbecue, déposer dans une assiette et couvrir d'une autre assiette à l'envers. Laisser reposer 5 minutes.
8 Servir le porc avec un légume vert (voir Note).

Se conserve 4 jours au réfrigérateur ou 4 mois au congélateur.

NOTE Si vous mettez la main sur des poivrons Shishito, profitez-en pour le faire découvrir à vos invités. Sa particularité ? Seulement 1 piment sur 10 est piquant ! Je vous promets que ça fera jaser vos amis. Mélangez les piments avec 15 ml (1 c. à soupe) d'huile d'olive et cuisez-les 4 minutes sur la feuille de cuisson utilisée pour cuire le porc.

VALEUR NUTRITIVE

Calories 160 – Protéines 23 g – Lipides 2 g – Glucides 10 g – Fibres 0 g – Sodium 424 mg

Le halloumi

Ne vous fiez pas aux apparences : derrière son air sage, le halloumi se dévoile et devient le centre de l'attention dès qu'on le fait griller. Sa technique de séduction ? Il bronze sans couler entre les grilles ! Un talent inné pour le barbecue. Mais je vous préviens, vos invités se battront pour avoir le dernier morceau !

Bol-repas végé au halloumi grillé

Lorsqu'on a envie de végéter sous le soleil...

PORTIONS – 6

PRÉPARATION – 25 MIN

CUISSON – 20 MIN

INGRÉDIENTS

Quinoa — 180 ml (3/4 tasse)

Fromage halloumi — 250 g (1/2 lb)

Courgettes (zucchinis) — 2

Huile d'olive — 30 ml (2 c. à soupe), divisée

Poivre

Lentilles — 1 boîte de 540 ml

Tomates cerises — 500 ml (2 tasses)

Menthe fraîche — 30 ml (2 c. à soupe)

Vinaigre de vin rouge — 45 ml (3 c. à soupe)

Zaatar (voir p. 253) — 30 ml (2 c. à soupe)

Feuille de cuisson réutilisable pour grillades (de type Cookina)

PRÉPARATION

1. Préchauffer le barbecue à puissance élevée pour atteindre environ 290 °C (550 °F).
2. À l'aide d'un tamis, rincer le quinoa sous l'eau froide et égoutter.
3. Dans une casserole moyenne, déposer le quinoa et verser 375 ml (1 1/2 tasse) d'eau. Porter à ébullition à feu vif. Réduire à feu doux, couvrir et cuire 10 minutes. Retirer du feu et laisser reposer 5 minutes à couvert.
4. Pendant ce temps, couper le fromage et les courgettes en deux sur la longueur et trancher en demi-rondelles.
5. Dans un grand bol, mélanger le fromage, les courgettes et 15 ml (1 c. à soupe) d'huile. Poivrer généreusement.
6. Placer la feuille de cuisson sur la grille du barbecue. Répartir le fromage et les courgettes sur la feuille de cuisson. Sans fermer le couvercle, cuire 5 minutes en retournant à mi-cuisson.
7. Retirer le fromage et poursuivre la cuisson des courgettes de 3 à 5 minutes ou jusqu'à ce qu'elles soient dorées.
8. Rincer et égoutter les lentilles. Couper les tomates en deux et hacher la menthe.
9. Dans le bol utilisé pour les courgettes et le fromage, mélanger les lentilles, le quinoa cuit, le vinaigre, le reste de l'huile (15 ml / 1 c. à soupe) et le zaatar.
10. Répartir la salade de quinoa dans 6 bols. Ajouter le fromage, les courgettes et les tomates. Garnir de menthe et servir.

Cette recette est meilleure préparée à la dernière minute, mais se conserve 5 jours au réfrigérateur.

VALEUR NUTRITIVE

Calories 350 – Protéines 20 g – Lipides 17 g – Glucides 33 g – Fibres 6 g – Sodium 807 mg

Salade-repas au halloumi grillé

Jour de pluie ? Faites la danse du soleil avec cette recette arc-en-ciel !

PORTIONS - 6

PRÉPARATION - 25 MIN

CUISSON - 7 MIN

INGRÉDIENTS

Chou rouge — 1/2 moyen
Radis — 8
Concombres libanais — 4
Tomates cerises — 375 ml (1 1/2 tasse)
Avocat — 1
Haricots blancs — 1 boîte de 540 ml
Jeunes épinards — 1,5 L (6 tasses)
ou 1 barquette de 142 g
Fromage halloumi — 250 g (1/2 lb)
Feuille de cuisson réutilisable pour grillades
(de type Cookina)

VINAIGRETTE

Lime — 1
Huile d'olive — 30 ml (2 c. à soupe)
Miel — 15 ml (1 c. à soupe)
Moutarde à l'ancienne
(moutarde de Meaux) — 7,5 ml (1/2 c. à soupe)
Vinaigre de vin blanc — 7,5 ml (1/2 c. à soupe)
Poivre et sel

PRÉPARATION

1. Préchauffer le barbecue à puissance élevée pour atteindre environ 290 °C (550 °F).
2. Directement au-dessus d'un grand bol, à l'aide d'une râpe fine, zester la lime, puis la presser. Ajouter l'huile, le miel, la moutarde et le vinaigre. Bien mélanger. Poivrer généreusement et ajouter une pincée de sel.
3. Trancher finement le chou, les radis et les concombres. Couper les tomates cerises en deux et l'avocat en dés. Rincer et égoutter les haricots. Déposer tous les ingrédients sauf le fromage dans le bol. Mélanger.
4. Couper le fromage en tranches.
5. Placer la feuille de cuisson sur la grille du barbecue et déposer le fromage sur la feuille de cuisson. Sans fermer le couvercle, cuire de 5 à 7 minutes ou jusqu'à ce que le fromage soit bien grillé, en retournant à mi-cuisson.
6. Couper le fromage grillé en cubes. Déposer sur la salade et servir.

Cette recette est meilleure préparée à la dernière minute.

VALEUR NUTRITIVE

Calories 354 — Protéines 16 g — Lipides 21 g — Glucides 26 g — Fibres 11 g — Sodium 977 mg

Salade de tomates et de pistaches au halloumi grillé

Votre voisin a une belle piscine creusée ?
Apportez-lui ce plat et vous aurez votre passe pour l'été.

PORTIONS – 6

PRÉPARATION – 15 MIN

CUISSON – 7 MIN

INGRÉDIENTS

Fromage halloumi — 250 g (1/2 lb)

Tomates ancestrales (voir Note) — 5 moyennes

Sauce citronnée aux pistaches (voir p. 208) — la recette complète

Feuille de cuisson réutilisable pour grillades (de type Cookina)

PRÉPARATION

1 Préchauffer le barbecue à puissance élevée pour atteindre environ 290 °C (550 °F).

2 Couper le fromage et les tomates en tranches.

3 Placer la feuille de cuisson sur la grille du barbecue et déposer le fromage sur la feuille de cuisson. Sans fermer le couvercle, cuire de 5 à 7 minutes ou jusqu'à ce que le fromage soit bien grillé, en retournant à mi-cuisson.

4 Répartir les tomates et le fromage dans une assiette de service. Garnir de sauce citronnée aux pistaches et servir.

Cette recette est meilleure préparée à la dernière minute.

NOTE Charnues et débordantes de saveur, les tomates ancestrales (ou *Heirloom*) n'ont rien à envier à leurs consœurs. Résultat d'une sélection des meilleures tomates année après année, les semences anciennes garantissent des tomates qui se démarquent par leur goût incroyable et leurs courbes généreuses. Elles sont un peu plus coûteuses que les tomates régulières, mais elles sont si savoureuses qu'elles gagnent à être servies en toute simplicité !

VALEUR NUTRITIVE

Calories 261 – Protéines 12 g – Lipides 19 g – Glucides 13 g – Fibres 3 g – Sodium 770 mg

La bavette de bœuf

Son côté persillé lui confère saveur et tendreté. La grillade, c'est sa spécialité. Intimidé à l'idée de la cuisiner ? Avec ces recettes faciles, aucune raison de vous inquiéter. Il suffit de la plonger dans une marinade pour lui donner la personnalité désirée. Ensuite, faites-la griller. Comme quand vous vous prélassez au soleil après une bonne baignade. Tendreté assurée !

Bavette de bœuf et chimichurri rojo

Entre deux repas végé, une bavette à la mode de l'Uruguay.

PORTIONS — 4

PRÉPARATION — 10 MIN

REPOS — 25 MIN

CUISSON — 16 MIN

INGRÉDIENTS

Bavette de bœuf — 450 g (1 lb)

Gousse d'ail — 1

Vinaigre de vin rouge — 45 ml (3 c. à soupe)

Chimichurri rojo (voir p. 206) — la recette complète

PRÉPARATION

1 À l'aide d'un couteau, faire des incisions dans la bavette, dans le sens contraire des fibres.

2 Hacher finement l'ail.

3 Dans un grand bol, mélanger l'ail et le vinaigre de vin. Ajouter la bavette et retourner pour bien l'enrober. Laisser mariner pour un minimum de 15 minutes, en retournant à mi-temps.

4 Préchauffer le barbecue à puissance élevée pour atteindre environ 290 °C (550 °F).

5 Déposer la bavette sur la grille du barbecue. Sans fermer le couvercle, cuire 8 minutes.

6 Réduire la puissance du barbecue à feu moyen pour atteindre environ 200 °C (400 °F), retourner la bavette et poursuivre la cuisson 8 minutes.

7 Retirer la viande du barbecue, déposer dans une assiette et couvrir d'une autre assiette à l'envers. Laisser reposer 10 minutes.

8 Couper la bavette en quatre et servir avec une salade verte. Garnir de chimichurri rojo.

Cette recette est meilleure préparée à la dernière minute, mais se conserve 5 jours au réfrigérateur.

VALEUR NUTRITIVE

Calories 274 — Protéines 24 g — Lipides 17 g — Glucides 4 g — Fibres 1 g — Sodium 227 mg

Bavette de bœuf à la salsa verde

Pas envie de cuisiner ? Laissez la salsa verde s'occuper du souper !

PORTIONS — 4
PRÉPARATION — 10 MIN
REPOS — 25 MIN
CUISSON — 16 MIN

INGRÉDIENTS

Bavette de bœuf — 450 g (1 lb)
Limes — 3
Poivre et sel
Salsa verde (voir Note) — 125 ml (1/2 tasse)
Coriandre fraîche — 60 ml (1/4 tasse)

PRÉPARATION

1 À l'aide d'un couteau, faire des incisions dans la bavette, dans le sens contraire des fibres.

2 Directement au-dessus d'un grand bol, à l'aide d'une râpe fine, zester les limes, puis les presser. Poivrer généreusement et ajouter une pincée de sel.

3 Déposer la bavette dans le bol et retourner pour bien l'enrober. Laisser mariner pour un minimum de 15 minutes, en retournant à mi-temps.

4 Préchauffer le barbecue à puissance élevée pour atteindre environ 290 °C (550 °F).

5 Déposer la bavette sur la grille du barbecue. Sans fermer le couvercle, cuire 8 minutes.

6 Réduire la puissance du barbecue à feu moyen pour atteindre environ 200 °C (400 °F), retourner la bavette et poursuivre la cuisson 8 minutes.

7 Retirer la viande du barbecue, déposer dans une assiette et couvrir d'une autre assiette à l'envers. Laisser reposer 10 minutes.

8 Trancher la bavette dans le sens contraire des fibres et déposer dans une assiette de service. Garnir de salsa verde et de coriandre fraîche. Servir avec des légumes frais ou grillés et un pain croûté.

Cette recette est meilleure préparée à la dernière minute, mais se conserve 4 jours au réfrigérateur.

NOTE Préparée à base de tomatilles, la salsa verde se trouve dans la section des produits mexicains de la plupart des épiceries. Elle porte parfois le nom de salsa verte piquante ou encore de sauce mexicaine aux tomates vertes.

VALEUR NUTRITIVE

Calories 181 — Protéines 24 g — Lipides 7 g — Glucides 5 g — Fibres 1 g — Sodium 242 mg

Bavette de bœuf à l'asiatique

Frais, coloré et parfumé, tout est réuni pour un repas réussi !

PORTIONS — 4

PRÉPARATION — 30 MIN

REPOS — 25 MIN

CUISSON — 16 MIN

INGRÉDIENTS

Bavette de bœuf — 450 g (1 lb)
Sauce hoisin (voir p. 253) — 30 ml (2 c. à soupe)
Vinaigre balsamique — 15 ml (1 c. à soupe)
Vermicelles de riz — 250 g (1/2 lb)
Menthe fraîche — 60 ml (1/4 tasse)
Graines de sésame — 10 ml (2 c. à thé)

RUBANS DE LÉGUMES MARINÉS

Vinaigre de riz — 60 ml (1/4 tasse)
Huile végétale — 15 ml (1 c. à soupe)
Miel — 10 ml (2 c. à thé)
Sauce piquante sriracha — 5 ml (1 c. à thé)
Carottes — 2
Concombre — 1
Daïkon — 1/2

PRÉPARATION

1. Dans un grand bol, mélanger le vinaigre de riz, l'huile, le miel et la sriracha.
2. À l'aide d'un économe, directement au-dessus du bol, peler les carottes, le concombre et le daïkon sur la longueur pour former des rubans. Mélanger et réserver.
3. À l'aide d'un couteau, faire des incisions dans la bavette, dans le sens contraire des fibres.
4. Dans un autre grand bol, mélanger la sauce hoisin et le vinaigre balsamique.
5. Déposer la bavette dans le bol et mélanger pour bien l'enrober. Laisser mariner pour un minimum de 15 minutes, en retournant à mi-temps.
6. Préchauffer le barbecue à puissance élevée pour atteindre environ 290 °C (550 °F).
7. Déposer la bavette sur la grille du barbecue. Sans fermer le couvercle, cuire 8 minutes.
8. Réduire la puissance du barbecue à feu moyen pour atteindre environ 200 °C (400 °F), retourner la bavette et poursuivre la cuisson 8 minutes.
9. Retirer la viande du barbecue, déposer dans une assiette et couvrir d'une autre assiette à l'envers. Laisser reposer 10 minutes.
10. Pendant ce temps, porter une moyenne casserole d'eau à ébullition. Cuire les vermicelles de riz selon les indications sur l'emballage. Égoutter et répartir dans 4 bols.
11. Hacher la menthe et trancher la bavette dans le sens contraire des fibres.
12. Répartir les rubans de légumes marinés et la viande dans les bols. Garnir de graines de sésame et de menthe. Servir.

Cette recette est meilleure préparée à la dernière minute.

VALEUR NUTRITIVE

Calories 498 — Protéines 29 g — Lipides 12 g — Glucides 67 g — Fibres 4 g — Sodium 251 mg

Santé, le barbecue ?

Le barbecue fait partie de notre culture et on n'est certainement pas prêt de s'en passer. Oui, la cuisson sur le barbecue comporte certains risques pour la santé. Mais, avant de paniquer, voici comment discerner le vrai du faux et maîtriser quelques techniques pour une cuisson plus saine et plus sécuritaire.

D'ABORD, NE PAS ABUSER. Du barbecue tous les soirs de l'été, c'est exagéré. Alternez avec d'autres recettes tout aussi estivales. De belles salades, des bols-repas gourmands et des plats froids seront tout aussi appréciés lorsqu'il fait beau et chaud.

ÉVITEZ DE CARBONISER VOS VIANDES. C'est précisément quand ça goûte le brûlé qu'il y a des composés chimiques cancérigènes qui se sont formés. Mieux vaut stopper la cuisson avant de se rendre là et ne pas manger les bouts cramés, même si ce sont vos préférés. Grillé, ça va, complètement noirci, ça ne va plus.

GRILLEZ VÉGÉ. Parce que manger moins de viande, c'est bon pour notre santé, mais aussi parce que les composés chimiques qu'on veut éviter ne se forment qu'avec des protéines animales. Voilà une saprée bonne raison de manger plus d'aliments d'origine végétale, et ça tombe bien, parce que j'ai un chapitre complet consacré au BBQ végé (voir p. 68).

CHOISISSEZ DES VIANDES MAIGRES. Avec des pièces comme le filet de porc ou les poitrines de poulet, vous avez moins de risque de voir du gras couler sur les flammes et ainsi d'avoir des composés cancérigènes dans votre assiette. Vous avez envie d'un bon steak ou d'une *chop* de porc ? Retirez le gras visible avant la cuisson.

LIMITEZ LE TEMPS D'EXPOSITION À HAUTE TEMPÉRATURE. En évitant les cuissons prolongées à une température élevée, on limite le risque de se retrouver avec des aliments carbonisés. Bien entendu, ça prend des pièces de viande appropriées, qui cuisent rapidement ou qu'on sert saignantes. Si vous cuisez une grosse pièce, favorisez une cuisson plus lente à basse température ou une cuisson indirecte (voir p. 39).

FAITES MARINER VOS VIANDES. Le simple fait de mariner vos aliments avant de les griller permettrait de limiter significativement la formation de composés chimiques cancérigènes. Même quinze petites minutes peuvent faire la différence, alors pourquoi s'en passer ? La clé, c'est d'éviter d'avoir une marinade qui contient beaucoup de gras. Plus de goût et moins de danger, ça me parle !

MODIFIEZ TRANQUILLEMENT VOS HABITUDES. Familiarisez-vous avec de nouvelles méthodes de cuisson. Cuisez moins souvent les aliments au-dessus des flammes en privilégiant la cuisson indirecte, utilisez des feuilles de cuisson réutilisables (de type Cookina), une planche de cèdre (voir p. 175) ou préparez des papillotes regroupant tous les ingrédients que vous aimez.

Comme dans tout, c'est une question de fréquence et de variété. Soyez ouvert ! Osez essayer de nouvelles recettes santé et adoptez des techniques de cuisson plus sécuritaires. Votre plaisir n'en sera pas affecté !

L’apéro lorsqu’il fait chaud

Oubliez la terrasse bondée et trinquez en toute intimité

Cet été, pas besoin de réservation, les meilleurs 5 à 7 auront lieu sur votre balcon ! Voici des plats légers, des petites bouchées pas compliquées et des idées qui feront jaser. Tout ça sans faire la file pour avoir une place sur la très prisée terrasse du quartier. Étirez les belles soirées et festoyez avec les gens que vous aimez sans addition salée à régler. L’apéro à la maison, c’est la meilleure façon de profiter de la belle saison.

Ananas cajun au prosciutto

Un apéro à déguster de préférence avec des verres fumés.

PORTIONS – 6

PRÉPARATION – 15 MIN

CUISSON – 40 MIN

INGRÉDIENTS

Ananas – 1

Assaisonnement cajun – 30 ml (2 c. à soupe), divisé

Cassonade – 15 ml (1 c. à soupe)

Chapelure panko (voir p. 252) – 60 ml (1/4 tasse)

Huile d'olive – 15 ml (1 c. à soupe)

Prosciutto – 6 tranches ou 90 g (3 oz)

Feuille de cuisson réutilisable pour grillades (de type Cookina)

PRÉPARATION

1. Préchauffer le barbecue à puissance élevée pour atteindre environ 290 °C (550 °F).
2. Couper les deux extrémités de l'ananas et le peler sans le trancher.
3. Dans un petit bol, réserver 5 ml (1 c. à thé) d'assaisonnement cajun.
4. Dans une grande assiette, mélanger le reste de l'assaisonnement cajun (25 ml / 5 c. à thé) et la cassonade. Rouler l'ananas dans l'assiette pour bien l'enrober.
5. Placer la feuille de cuisson sur la grille du barbecue. Déposer l'ananas sur la feuille de cuisson, fermer le couvercle et cuire de 30 à 35 minutes en le retournant toutes les 5 minutes, jusqu'à ce qu'un couteau s'insère facilement jusqu'au centre.
6. Dans le petit bol contenant l'assaisonnement cajun, ajouter la chapelure panko et l'huile d'olive. Bien mélanger.
7. Retirer l'ananas du barbecue, déposer sur une planche à découper et réserver.
8. Déposer le mélange de panko sur la feuille de cuisson. Cuire 2 minutes ou jusqu'à ce que le panko soit bien doré, en remuant à quelques reprises.
9. À l'aide d'une spatule, retirer le panko de la feuille de cuisson. Déposer dans le petit bol.
10. Trancher l'ananas et répartir les tranches dans une assiette de service.
11. Déchirer le prosciutto et déposer sur l'ananas. Saupoudrer du mélange de panko et servir.

Cette recette est meilleure préparée à la dernière minute.

VALEUR NUTRITIVE

Calories 158 – Protéines 5 g – Lipides 5 g – Glucides 28 g – Fibres 2 g – Sodium 471 mg

Mini poivrons farcis au fromage de chèvre et au dukka

Du quoi ? Dukka, un mélange d'épices et de noix qui laissera vos invités bouche bée !

PORTIONS – 4

PRÉPARATION – 20 MIN

CUISSON – 10 MIN

INGRÉDIENTS

Pistaches naturelles – 30 ml (2 c. à soupe)

Amandes naturelles – 30 ml (2 c. à soupe)

Graines de fenouil – 5 ml (1 c. à thé)

Graines de moutarde – 5 ml (1 c. à thé)

Petits poivrons colorés – 1 sac de 227 g ou environ 12 poivrons

Fromage de chèvre non affiné à pâte molle – 1 paquet de 125 g

Sel – 1 pincée

Huile d'olive – 15 ml (1 c. à soupe)

PRÉPARATION

1. Préchauffer le barbecue à puissance élevée pour atteindre environ 290 °C (550 °F).
2. Dans un poêlon en fonte, déposer les noix et les épices. Placer le poêlon sur la grille du barbecue et dorer 2 minutes, en remuant à quelques reprises. Retirer du feu et réserver.
3. Couper les poivrons en deux et retirer les pépins.
4. Répartir le fromage de chèvre dans les demi-poivrons.
5. Déposer les poivrons sur la grille du barbecue. Sans fermer le couvercle, cuire de 5 à 7 minutes ou jusqu'à ce qu'ils soient grillés.
6. Pendant ce temps, préparer le dukka. Hacher finement les noix et les épices grillées. Transvider dans un petit bol, ajouter le sel et mélanger.
7. Déposer les poivrons dans une grande assiette de service. Garnir de dukka et d'huile d'olive. Servir.

Cette recette est meilleure préparée à la dernière minute.

NOTE Le dukka est un mélange égyptien d'épices et de noix. Vous pouvez l'utiliser en croûte pour le poisson, l'agneau, le poulet, et même le tofu ! Si vous y ajoutez de l'huile d'olive, il se transforme en délicieuse trempette pour le pain. Vous pouvez aussi le saupoudrer directement sur des légumes rôtis, une salade, du fromage feta, ou encore des pâtes.

VALEUR NUTRITIVE

Calories 165 – Protéines 7 g – Lipides 13 g – Glucides 7 g – Fibres 2 g – Sodium 141 mg

Fromage feta fondant et olives citronnées

Une fois que vous aurez plongé, rappelez-vous qu'il faut partager !

PORTIONS – 10

REPOS – 12 H

PRÉPARATION – 20 MIN

CUISSON – 10 MIN

INGRÉDIENTS

Fromage feta – 400 g (7/8 lb)
Olives variées – 250 ml (1 tasse)
Huile d'olive – 60 ml (1/4 tasse)
Citron – 1
Thym séché – 5 ml (1 c. à thé)
Flocons de piment fort – 1 pincée

PRÉPARATION

1. Égoutter le feta et déposer dans un grand contenant hermétique. Remplir d'eau pour le submerger, fermer le contenant et réfrigérer pour un minimum de 12 heures pour le désaler.

2. Préchauffer le barbecue à puissance élevée pour atteindre environ 290 °C (550 °F).

3. Égoutter le feta et déposer dans un grand poêlon en fonte. Répartir les olives dans le poêlon et verser l'huile sur le fromage.

4. Couper le citron en quartiers. Directement au-dessus du poêlon, presser les quartiers de citron, puis les déposer dans le poêlon. Saupoudrer de thym et de flocons de piment.

5. Déposer le poêlon sur la grille du barbecue. Fermer le couvercle et cuire 10 minutes ou jusqu'à ce que le fromage soit mou et légèrement doré.

6. Servir le fromage chaud avec du pain frais ou grillé (voir Note).

Cette recette est meilleure préparée à la dernière minute.

NOTE Si désiré, dorer les morceaux de pain sur la grille du barbecue 2 minutes avant la fin de la cuisson du fromage, en retournant à mi-cuisson.

VALEUR NUTRITIVE

Calories 193 – Protéines 8 g – Lipides 17 g – Glucides 4 g – Fibres 1 g – Sodium 514 mg

Le secret d'une bonne marinade

Pour ajouter saveurs et variété à vos repas d'été, misez sur la marinade. Voici quelques trucs de pro pour que la magie opère à tout coup. Trois mots à retenir : acidité, assaisonnement et temps.

L'ACIDITÉ Ce sont les éléments acides d'une marinade qui attendrissent la viande. Que ce soit du jus de citron, de lime ou d'un autre agrume, de canneberge, de grenade ou d'ananas, du vinaigre de vin, de riz, de cidre, balsamique ou de xérès, de la moutarde de Dijon ou à l'ancienne, du babeurre ou du yogourt nature, tous feront aussi bien l'affaire. Comme la marinade ne pénètre que la surface de la viande, si vous voulez vraiment l'attendrir, mieux vaut la couper en cubes ou en lanières ou faire de petites incisions afin d'aider la marinade à y pénétrer. Sinon, l'acidité jouera plus ou moins le même rôle que l'assaisonnement.

L'ASSAISONNEMENT Ajoutez du sucré, du salé, un peu de piquant et des parfums pour créer une marinade équilibrée. Oignon, ail, échalote, gingembre, herbes fraîches ou séchées, épices, piments forts et sauces piquantes, sirop d'érable, miel ou cassonade, huile de sésame, ketchup, sauce barbecue, sauce soya, hoisin, aux huîtres ou de poisson : essayez différentes combinaisons pour créer le parfait mariage de saveurs. Mélangez-les dans un bol avant d'ajouter la viande crue. De cette façon, vous pourrez goûter et ajuster sans risque d'intoxication. Une fois la marinade à point, ajoutez la viande choisie. Pour une marinade réussie, assurez-vous d'avoir au moins un ingrédient crémeux, sirupeux ou épais comme une sauce, une moutarde, du sirop ou du miel. Cet ingrédient aura pour effet de bien enrober la viande et l'aidera à conserver son humidité pour un résultat encore plus savoureux !

LE TEMPS Les aliments gagnent à avoir du temps pour s'imprégner de la marinade. Le temps requis dépend de la tendreté initiale de la viande et de l'intensité des saveurs de la marinade. Plus la viande est tendre ou délicate, moins on doit la mariner longtemps.

- Pour les poissons et les fruits de mer, qui ont une chair très délicate, l'idéal est de ne pas dépasser 30 minutes. Sinon, l'acidité de la marinade va « cuire » la protéine et vous pourriez vous retrouver avec un céviche !

- Pour le poulet et le porc, l'idéal est de laisser mariner de 4 à 6 heures, pour développer un maximum de saveurs. Toutefois, si vous manquez de temps, une petite heure suffit pour donner du goût.

- Pour les viandes qui ont une chair un peu plus robuste, comme le bœuf ou l'agneau, on vise de 6 à 12 heures. Encore une fois, si vous manquez de temps, une petite heure suffit pour rendre les aliments plus savoureux.

- Pour les viandes un peu plus coriaces que vous souhaitez attendrir, comme la ronde, la pointe de surlonge ou le flanc, prévoyez de 12 à 24 heures.

Si, comme moi, vous n'aimez pas l'idée de devoir patienter de nombreuses heures avant de cuire votre viande marinée, congelez-la dans sa marinade. Vous n'aurez qu'à décongeler et à griller.

La pièce maîtresse

Pour impressionner vos invités

Vous recevez pour le souper et vous ne voulez pas passer la journée à cuisiner ? Préparez l'un de ces plats sans tracas et déposez-le simplement au centre de la table. Mais attention, préparez-vous à répondre à des questions. Après les oh ! et les ah ! de stupéfaction, on vous demandera où vous avez trouvé le temps de préparer un tel festin. Pas besoin d'avouer que c'était une affaire de rien. Acceptez les compliments ! C'est gratifiant de savoir que tout le monde se régale en saluant vos talents.

Côtes levées BBQ et salade de chou colorée

Besoin d'une faveur de votre voisin bricoleur ? Attirez-le grâce à l'odeur !

PORTIONS – 4

PRÉPARATION – 30 MIN

CUISSON – 1 H 30

INGRÉDIENTS

Côtes levées – 675 g (1 1/2 lb)
Rub BBQ (voir p. 201) – 30 ml (2 c. à soupe)
Sauce BBQ (voir p. 209) – 60 ml (1/4 tasse)

SALADE DE CHOU COLORÉE

Vinaigre blanc – 60 ml (1/4 tasse)
Moutarde de Dijon – 15 ml (1 c. à soupe)
Huile d'olive – 15 ml (1 c. à soupe)
Sucre – 2,5 ml (1/2 c. à thé)
Poivre et sel
Chou vert – 500 ml (2 tasses) émincé
Chou rouge – 500 ml (2 tasses) émincé
Kale (chou frisé) – 500 ml (2 tasses) émincé
Oignon vert – 1
Carotte – 1

PRÉPARATION

1. Préchauffer le barbecue à puissance élevée pour atteindre environ 290 °C (550 °F).
2. À l'aide d'un petit couteau, gratter l'os à l'une des extrémités des côtes levées pour soulever la membrane blanche et la retirer.
3. Saupoudrer la viande de *rub* BBQ, répartir et presser avec les doigts pour bien le faire adhérer.
4. Réduire la puissance du barbecue à feu doux pour atteindre environ 150 °C (300 °F). Éteindre le (ou les) brûleur(s) au centre du barbecue.
5. Déposer les côtes levées au centre de la grille, fermer le couvercle et cuire 1 heure.
6. Pendant ce temps, dans un grand bol, mélanger le vinaigre, la moutarde, l'huile et le sucre. Poivrer généreusement et ajouter une pincée de sel.
7. Trancher finement le chou vert, le chou rouge, le kale et l'oignon vert. Sans la peler, râper la carotte. Déposer dans le bol avec la vinaigrette, mélanger et réserver.
8. À l'aide d'un pinceau de cuisine, badigeonner les côtes levées de sauce BBQ. Fermer le couvercle du barbecue et poursuivre la cuisson 20 minutes en badigeonnant de sauce à mi-cuisson.
9. Retourner les côtes levées et déplacer directement au-dessus d'un brûleur allumé. Fermer le couvercle et cuire 5 à 10 minutes.
10. Couper les côtes levées en sections et servir avec la salade de chou.

Cette recette est meilleure préparée à la dernière minute, mais la salade de chou se conserve 2 jours au réfrigérateur.

VALEUR NUTRITIVE

Calories 382 – Protéines 25 g – Lipides 24 g – Glucides 17 g – Fibres 3 g – Sodium 533 mg

Saumon grillé et salade de concombre et de fenouil

Un chic filet qui fait son frais.

PORTIONS – 8

PRÉPARATION – 20 MIN

CUISSON – 20 MIN

INGRÉDIENTS

Miel — 45 ml (3 c. à soupe)
Moutarde de Dijon — 15 ml (1 c. à soupe)
Filet de saumon issu de la pêche durable, avec la peau — 1 kg (2 lb)
Poivre et sel

SALADE DE CONCOMBRE ET DE FENOUIL

Citron — 1
Huile d'olive — 30 ml (2 c. à soupe)
Miel — 30 ml (2 c. à soupe)
Moutarde de Dijon — 15 ml (1 c. à soupe)
Graines de sésame — 15 ml (1 c. à soupe)
Fenouil (voir p. 252) — 1
Concombres libanais — 4
Menthe fraîche — 30 ml (2 c. à soupe)

PRÉPARATION

1. Préchauffer le barbecue à puissance élevée pour atteindre environ 290 °C (550 °F).
2. Dans un petit bol, mélanger le miel et la moutarde.
3. Réduire la puissance du barbecue à feu moyen pour atteindre environ 200 °C (400 °F). Éteindre le (ou les) brûleur(s) au centre du barbecue.
4. Déposer le saumon, côté peau vers le bas, au centre de la grille. Poivrer généreusement et ajouter une pincée de sel. À l'aide d'un pinceau de cuisine, badigeonner le saumon d'environ le tiers de la sauce au miel. Fermer le couvercle et cuire 20 minutes. Pendant la cuisson, badigeonner le poisson de sauce à deux reprises.
5. Pendant ce temps, préparer la salade. Directement au-dessus d'un grand bol, à l'aide d'une râpe fine, zester le citron, puis le presser. Ajouter l'huile, le miel, la moutarde et les graines de sésame.
6. Couper le bulbe de fenouil en deux et trancher finement. Couper les concombres en fines tranches et hacher la menthe. Déposer dans le bol avec la vinaigrette et bien mélanger.
7. Déposer le filet de saumon cuit dans une grande plaque de cuisson ou une assiette de service. Répartir la salade sur le poisson et servir au centre de la table.

Cette recette est meilleure préparée à la dernière minute, mais le poisson se conserve 3 jours au réfrigérateur.

VALEUR NUTRITIVE

Calories 317 – Protéines 24 g – Lipides 17 g – Glucides 17 g – Fibres 2 g – Sodium 189 mg

WHITE WINE
VIN BLANC

Poulet portugais et grelots grillés

Marinez dans la piscine pendant que le poulet marine dans le frigo !

PORTIONS — 6

PRÉPARATION — 30 MIN

REPOS — 12 H

CUISSON — 1 H

INGRÉDIENTS

Gousses d'ail — 4
Huile d'olive — 60 ml (1/4 tasse), divisée
Paprika fumé (voir p. 252) — 45 ml (3 c. à soupe)
Sel — 7,5 ml (1/2 c. à soupe)
Piment de Cayenne moulu — 2,5 ml (1/2 c. à thé)
Citrons — 3
Poulet entier — 1 (environ 1,5 kg / 3 lb)
Pommes de terre grelots — 675 g (1 1/2 lb)

PRÉPARATION

1 Hacher finement l'ail.
2 Dans un moyen contenant hermétique, déposer l'ail, 45 ml (3 c. à soupe) d'huile, le paprika, le sel et le piment de Cayenne. Directement au-dessus du contenant, presser les citrons, puis les réserver. Bien mélanger.
3 Déposer le poulet sur une planche à découper. Au besoin, retirer les abats.
4 À l'aide de ciseaux de cuisine, couper le dos du poulet en longeant chaque côté de la colonne vertébrale pour la retirer.
5 Retourner le poulet et le déposer à plat. Appuyer fermement sur les poitrines pour casser le coffre. Placer les cuisses le plus à plat possible de chaque côté des poitrines. La position du poulet doit ressembler à celle d'un crapaud.
6 Avec les mains, décoller la peau de la chair du poulet. Déposer dans un grand contenant hermétique (ou une grande casserole) et répartir 125 ml (1/2 tasse) de marinade sur et sous la peau. Fermer le contenant et laisser mariner de 12 à 24 heures au réfrigérateur.
7 Déposer les citrons pressés dans le contenant avec la marinade restante. Réserver au réfrigérateur.
8 Préchauffer le barbecue à puissance élevée pour atteindre environ 290 °C (550 °F). Éteindre le (ou les) brûleur(s) au centre du barbecue.
9 Déposer le poulet en crapaudine, les poitrines vers le bas, au centre de la grille. Fermer le couvercle et cuire 30 minutes.
10 Retourner le poulet. À l'aide d'un pinceau de cuisine, badigeonner du reste de la marinade. Fermer le couvercle et poursuivre la cuisson 15 minutes.
11 Dans un grand bol, mélanger les grelots et le reste de l'huile (15 ml / 1 c. à soupe).
12 Répartir les grelots de chaque côté du poulet et poursuivre la cuisson 15 minutes.
13 Cinq minutes avant la fin de la cuisson, déposer les demi-citrons réservés sur la grille et retourner les grelots.
14 Transférer le poulet dans une assiette de service, presser les citrons grillés sur le poulet et servir avec les grelots.

Se conserve 4 jours au réfrigérateur ou 3 mois au congélateur.

VALEUR NUTRITIVE

Calories 422 — Protéines 30 g — Lipides 23 g — Glucides 23 g — Fibres 4 g — Sodium 676 mg

Party de brochettes

Pour célébrer les doyennes du barbecue

La cuisson sur broche date de la nuit des temps, ou presque. Tout juste après la découverte du feu, il y a eu la découverte de la brochette ! Et ensuite est venue l'époque des brochettes toutes faites à l'épicerie... Mais ce temps est révolu. Entrez dans une nouvelle ère de l'histoire du barbecue en préparant des brochettes maison. Mettez-en plein la vue à l'homme de Cro-Magnon qui sommeille en vous et préparez-lui ces brochettes santé qui passeront à l'histoire.

Brochettes de tofu tandoori

Voici de quoi vous aurez l'air si vous oubliez de mettre de la crème solaire !

PORTIONS – 6

PRÉPARATION – 20 MIN

CUISSON – 15 MIN

INGRÉDIENTS

Tofu extra ferme – 1 bloc de 350 ou 450 g

Paneer (voir p. 252) – 1 bloc de 350 g

Oignon rouge – 1 petit

Limes – 2

Pâte de cari tandoori – 60 ml (1/4 tasse)

Huile d'olive – 15 ml (1 c. à soupe)

PRÉPARATION

1. Couper le tofu, le paneer et l'oignon en cubes. Couper les limes en deux.
2. Dans un bol moyen, mélanger la pâte de cari et l'huile. Ajouter le tofu, le paneer et l'oignon. Mélanger pour bien les enrober.
3. Préchauffer le barbecue à puissance élevée pour atteindre environ 290 °C (550 °F).
4. Enfiler le tofu sur des brochettes en alternant avec les oignons et le paneer.
5. Réduire la puissance du barbecue à feu moyen pour atteindre environ 200 °C (400 °F).
6. Déposer les brochettes et les demi-limes sur la grille du barbecue, fermer le couvercle et cuire de 12 à 15 minutes ou jusqu'à ce que le tofu soit bien doré. Pendant la cuisson, retourner les brochettes à deux reprises.
7. Déposer 1 ou 2 brochettes dans chaque assiette. Presser les limes sur les brochettes et servir avec du riz, du pain naan et une salade verte.

Cette recette est meilleure préparée à la dernière minute, mais se conserve 4 jours au réfrigérateur.

VALEUR NUTRITIVE

Calories 318 – Protéines 26 g – Lipides 21 g – Glucides 8 g – Fibres 1 g – Sodium 273 mg

Brochettes de poulet coco-lime

Besoin de décrocher ? Dites coco-lime et c'est réglé !

PORTIONS – 4

PRÉPARATION – 20 MIN

REPOS – 1 H

CUISSON – 15 MIN

INGRÉDIENTS

Gingembre frais — 30 ml (2 c. à soupe) râpé

Lime — 1

Lait de coco — 1 boîte de 398 ml

Miel — 10 ml (2 c. à thé)

Sauce de poisson (voir p. 253) — 7,5 ml (1/2 c. à soupe)

Poitrines de poulet — 2 ou environ 450 g (1 lb)

Coriandre fraîche — 30 ml (2 c. à soupe)

Arachides salées — 30 ml (2 c. à soupe)

PRÉPARATION

1. Directement au-dessus d'un grand contenant hermétique, à l'aide d'une râpe fine, sans le peler, râper le gingembre. Zester la lime, puis la presser.
2. Ajouter le lait de coco, le miel et la sauce de poisson. Bien mélanger. Réserver environ la moitié de la marinade dans un petit bol au réfrigérateur.
3. Couper le poulet en cubes. Déposer dans le contenant hermétique, mélanger pour bien l'enrober et réfrigérer pour un minimum de 1 heure.
4. Préchauffer le barbecue à puissance élevée pour atteindre environ 290 °C (550 °F).
5. Enfiler les cubes de poulet sur des brochettes.
6. Déposer les brochettes sur la grille du barbecue, fermer le couvercle et cuire de 12 à 15 minutes ou jusqu'à ce que le poulet soit bien cuit, en retournant à mi-cuisson.
7. Pendant ce temps, hacher grossièrement la coriandre et les arachides.
8. Dans une grande assiette de service, verser la marinade réservée et déposer les brochettes. Garnir de coriandre et d'arachides. Servir avec du riz basmati et un légume vert.

Se conserve 2 jours au réfrigérateur ou 6 mois au congélateur.

VALEUR NUTRITIVE

Calories 307 – Protéines 27 g – Lipides 18 g – Glucides 8 g – Fibres 0 g – Sodium 234 mg

Brochettes de boulettes BBQ

Des boulettes toutes prêtes pour aller se faire bronzer.

PORTIONS — 4

PRÉPARATION — 25 MIN

CUISSON — 15 MIN

INGRÉDIENTS

Oignon rouge — 1
Poivron rouge — 1
Poivron orange — 1
Courgettes (zucchinis) — 2
Dinde hachée — 450 g (1 lb)
Sauce BBQ du commerce — 125 ml (1/2 tasse), divisée
Paprika fumé (voir p. 252) — 15 ml (1 c. à soupe)
Poudre d'ail — 2,5 ml (1/2 c. à thé)
Cumin moulu — 2,5 ml (1/2 c. à thé)
Poivre et sel

PRÉPARATION

1. Hacher finement la moitié de l'oignon rouge. Déposer dans un grand bol.
2. Couper le reste de l'oignon et les poivrons en cubes. Couper les courgettes en rondelles.
3. Dans le bol contenant l'oignon haché, ajouter la dinde, 60 ml (1/4 tasse) de sauce BBQ et les épices. Bien mélanger. Poivrer généreusement et ajouter une pincée de sel.
4. Avec les mains, former 12 boulettes d'environ 2,5 cm (1 po) de diamètre.
5. Préchauffer le barbecue à puissance élevée pour atteindre environ 290 °C (550 °F).
6. Enfiler les boulettes sur des brochettes en alternant avec les légumes.
7. Réduire la puissance du barbecue à feu moyen pour atteindre environ 200 °C (400 °F).
8. Déposer les brochettes sur la grille du barbecue, fermer le couvercle et cuire de 12 à 15 minutes. Pendant la cuisson, retourner les brochettes à deux reprises et badigeonner du reste de sauce BBQ (60 ml / 1/4 tasse) à l'aide d'un pinceau de cuisine.
9. Servir avec des grelots grillés, si désiré.

Cette recette est meilleure préparée à la dernière minute, mais se conserve 2 jours au réfrigérateur.

VALEUR NUTRITIVE

Calories 265 — Protéines 19 g — Lipides 9 g — Glucides 28 g — Fibres 3 g — Sodium 367 mg

Brochettes de poulet à la grecque

Apportez votre vin, c'est par ici le festin !

PORTIONS — 8

PRÉPARATION — 15 MIN

REPOS — 1 H

CUISSON — 10 MIN

INGRÉDIENTS

Origan séché — 15 ml (1 c. à soupe)
Yogourt grec nature — 30 ml (2 c. à soupe)
Mayonnaise — 15 ml (1 c. à soupe)
Huile d'olive — 15 ml (1 c. à soupe)
Moutarde de Dijon — 7,5 ml (1/2 c. à soupe)
Sirop d'érable — 7,5 ml (1/2 c. à soupe)
Poivre et sel
Oignon rouge — 1
Poitrines de poulet — 4 ou environ 1 kg (2 lb)

PRÉPARATION

1. Dans un grand contenant hermétique, mélanger l'origan, le yogourt, la mayonnaise, l'huile, la moutarde et le sirop d'érable. Poivrer généreusement et ajouter une pincée de sel.
2. Couper l'oignon et le poulet en cubes.
3. Déposer le poulet dans la marinade et mélanger pour bien l'enrober. Réfrigérer pour un minimum de 1 heure.
4. Préchauffer le barbecue à puissance élevée pour atteindre environ 290 °C (550 °F).
5. Enfiler le poulet sur des brochettes en alternant avec les oignons.
6. Déposer les brochettes sur la grille du barbecue, fermer le couvercle et cuire 10 minutes en retournant à mi-cuisson.
7. Servir avec des quartiers de citron, une salade et des pains pitas, si désiré.

Se conserve 2 jours au réfrigérateur ou 6 mois au congélateur.

VALEUR NUTRITIVE

Calories 179 — Protéines 28 g — Lipides 5 g — Glucides 4 g — Fibres 1 g — Sodium 119 mg

Brochettes de porc façon fajitas

Des fajitas en file pour faire la fête.

PORTIONS — 4
PRÉPARATION — 20 MIN
CUISSON — 17 MIN

INGRÉDIENTS

Poivron jaune — 1
Poivron rouge — 1
Oignon rouge — 1
Filet de porc — 1 ou environ 450 g (1 lb)
Rub mexicain (voir p. 201) — 30 ml (2 c. à soupe)
Huile d'olive — 30 ml (2 c. à soupe)
Coriandre fraîche — 125 ml (1/2 tasse)
Lime — 1
Tortillas de blé ou de maïs — 8 petites
Salsa mexicaine — 125 ml (1/2 tasse)

PRÉPARATION

1. Couper les poivrons, l'oignon et le porc en cubes.
2. Dans un grand bol, mélanger le *rub* mexicain et l'huile.
3. Déposer les cubes de porc dans le bol et mélanger pour bien les enrober.
4. Préchauffer le barbecue à puissance élevée pour atteindre environ 290 °C (550 °F).
5. Enfiler le porc sur des brochettes. Sur d'autres brochettes, enfiler les légumes.
6. Réduire la puissance du barbecue à feu moyen pour atteindre environ 200 °C (400 °F). Éteindre le (ou les) brûleur(s) au centre du barbecue.
7. Déposer les brochettes de légumes au centre de la grille, fermer le couvercle et cuire 7 minutes.
8. Retourner les brochettes de légumes et déposer les brochettes de porc sur la grille, au-dessus d'un brûleur allumé. Fermer le couvercle et poursuivre la cuisson de 8 à 10 minutes, en retournant à quelques reprises.
9. Pendant ce temps, hacher la coriandre et couper la lime en quartiers.
10. Défaire les brochettes et servir en fajitas avec les tortillas, la salsa et la coriandre. Garnir de jus de lime.

Cette recette est meilleure assemblée à la dernière minute, mais le porc et les légumes se conservent 4 jours au réfrigérateur ou 3 mois au congélateur.

VALEUR NUTRITIVE

Calories 409 — Protéines 28 g — Lipides 15 g — Glucides 42 g — Fibres 3 g — Sodium 703 mg

Brochettes de tempeh à l'ananas

Avertissement : on prévoit une hausse de température avec ce plat végé *caliente*.

PORTIONS – 4

PRÉPARATION – 20 MIN

REPOS – 12 H

CUISSON – 10 MIN

INGRÉDIENTS

Tempeh — 1 paquet de 240 g
Piment jalapeno — 1
Jus d'orange — 125 ml (1/2 tasse)
Sauce soya réduite en sodium — 60 ml (1/4 tasse)
Fécule de maïs — 30 ml (2 c. à soupe)
Sauce Tabasco chipotle — 15 ml (1 c. à soupe)
Cumin moulu — 5 ml (1 c. à thé)
Origan séché — 5 ml (1 c. à thé)
Ananas — 1
Feuille de cuisson réutilisable pour grillades (de type Cookina)

PRÉPARATION

1 Couper le tempeh en cubes et le piment en rondelles.
2 Dans un grand contenant hermétique, mélanger le jus d'orange, la sauce soya, la fécule de maïs, le tabasco, le cumin et l'origan.
3 Ajouter le tempeh et le jalapeno. Mélanger pour bien enrober et réfrigérer pour un minimum de 12 heures ou toute une nuit.
4 Peler l'ananas et le couper en cubes pour obtenir environ 500 ml (2 tasses).
5 Préchauffer le barbecue à puissance élevée pour atteindre environ 290 °C (550 °F).
6 Enfiler le tempeh sur des brochettes en alternant avec l'ananas et le jalapeno. Réserver la marinade restante.
7 Réduire la puissance du barbecue à feu moyen pour atteindre environ 200 °C (400 °F).
8 Placer la feuille de cuisson sur la grille du barbecue et déposer les brochettes sur la feuille de cuisson. À l'aide d'un pinceau de cuisine, badigeonner les brochettes de marinade. Fermer le couvercle et cuire 10 minutes. À mi-cuisson, retourner les brochettes et badigeonner du reste de marinade.
9 Servir les brochettes avec du riz basmati.

Cette recette est meilleure préparée à la dernière minute, mais se conserve 4 jours au réfrigérateur.

VALEUR NUTRITIVE

Calories 204 – Protéines 13 g – Lipides 6 g – Glucides 26 g – Fibres 7 g – Sodium 503 mg

Un souci pour les allergies

Tandis que barbecue rime avec simplicité pour plusieurs, un *party* piscine qui se termine autour du gril peut être très stressant lorsqu'on a des allergies alimentaires. Voici quelques trucs pratiques pour s'assurer que tout se passe bien pour tous les invités.

PRÉPAREZ UN SEUL REPAS. Avec une seule recette qui convient à tout le monde, il n'y aura pas de risque de contamination croisée entre les plats. C'est tellement plus simple ! Demandez conseil à la personne allergique, elle saura vous guider. Je vous assure que personne ne se rendra compte que le menu est sans soya, sans arachides ou sans produits laitiers. Il suffit de veiller à ce que tous les ingrédients soient sécuritaires pour la personne allergique et de composer le menu autour de ce qu'elle peut manger.

VISEZ LA SIMPLICITÉ. Ce n'est pas le temps de sortir votre marinade secrète qui contient 30 ingrédients. Oubliez les saucisses artisanales, les sauces spéciales, les petits pots achetés au marché et tous les petits produits *fancy* que vous avez rapportés de voyage. Vous n'aurez pas le temps de lire la liste de TOUS les ingrédients en plein *party* et les risques d'erreurs sont trop grands. Du poulet mariné avec de l'huile d'olive, du jus de citron, un peu d'ail et des herbes fraîches, servi avec des légumes et des pommes de terre grillés : voilà un repas qui ne contient aucun des principaux allergènes. C'est frais, coloré, savoureux, et tout le monde pourra apprécier le même plat.

NETTOYEZ TOUTES LES SURFACES. Commencez par bien nettoyer vos comptoirs avec un désinfectant tout usage et la vaisselle avec du savon et de l'eau chaude. Utilisez des linges fraîchement lavés. Mieux vaut aussi retirer les grilles du barbecue pour bien les nettoyer avec de l'eau chaude savonneuse afin d'enlever toute trace d'aliment. Si vos grilles sont incrustées et impossibles à laver en profondeur, utilisez une feuille de cuisson réutilisable pour grillades (de type Cookina) pour cuire la portion de la personne allergique.

OPTEZ POUR LA PAPILLOTE. S'il vous est impossible de concilier toutes les allergies en un même repas qui convient à tous, optez pour des papillotes. Bien enrobés dans du papier d'aluminium, les aliments seront à l'abri des éclaboussures ou du risque de contact et de contamination. Vous pourrez tout cuire en même temps et économiser de précieuses minutes !

SOYEZ ATTENTIF. En préparant le repas, portez une attention constante aux gestes que vous effectuez. Et assurez-vous que tous ceux qui offrent de vous aider ont les mains bien propres et connaissent les précautions à prendre pour la personne allergique.

N'EN FAITES PAS TROP. Une fois bien intégrées, ces quelques règles simples peuvent facilement être appliquées sans paralyser la soirée. Cela restera entre vous et la personne allergique, qui sera rassurée du sérieux que vous accordez à sa condition sans trop attirer l'attention. Les autres invités pourront festoyer, sans même réaliser tout ce que vous avez mis en place pour votre ami, en catimini.

Les légumes volent la vedette

Un festival de couleurs dans votre assiette

Avec l'abondance de légumes au marché pendant l'été, aucune raison de ne pas succomber. Offrez-leur une place de choix et variez votre sélection tout au long de la belle saison. Cultivez votre potager, visitez un fermier ou inscrivez-vous à un panier bio pour profiter de cette belle variété tout l'été. Enjolivez vos tables de crudités et de légumes grillés. Amusez-vous à créer des sandwichs imposants et des salades ensoleillées. Et pour leur donner toute l'attention qu'ils méritent, accompagnez-les de tartinades, de trempettes et de vinaigrettes aussi délicieuses que simples à préparer.

↑ Mayo chipotle
p. 154

↑ Tartinade de tofu
à la méditerranéenne p. 155

Bar à sandwichs aux tomates

Mayo chipotle

Dans un sandwich ou un burger, en trempette ou en vinaigrette, cette sauce relevée s'invitera à tous vos *partys* cet été !

DONNE ENVIRON 250 ML (1 TASSE)

PRÉPARATION — 5 MIN

INGRÉDIENTS

Mayonnaise — 125 ml (1/2 tasse)
Yogourt grec nature — 125 ml (1/2 tasse)
Paprika — 5 ml (1 c. à thé)
Sauce Tabasco chipotle — 5 ml (1 c. à thé)

PRÉPARATION

1 Dans un petit bol, mélanger tous les ingrédients.

2 Servir avec des crudités ou tartiner dans un sandwich.

Se conserve 3 jours au réfrigérateur et ne se congèle pas.

VALEUR NUTRITIVE (POUR 30 ML / 2 C. À SOUPE)

Calories 114 — Protéines 2 g — Lipides 11 g — Glucides 1 g — Fibres 0 g — Sodium 109 mg

Tartinade de tofu à la méditerranéenne

Misez sur cette tartinade végé pour un sandwich
aux tomates *boosté.*

DONNE ENVIRON 500 ML (2 TASSES)

PRÉPARATION — 15 MIN

INGRÉDIENTS

Tomates séchées dans l'huile — 60 ml (1/4 tasse)

Jeunes épinards — 125 ml (1/2 tasse)

Olives Kalamata — 8

Poivre et sel

Tofu ferme (voir Note) — 1 bloc de 350 ou 450 g

Oignon rouge — 1/2 petit

Origan séché — 2,5 ml (1/2 c. à thé)

Citron — 1

PRÉPARATION

1. Hacher finement les tomates séchées, les épinards et les olives. Déposer dans un bol moyen. Poivrer généreusement et ajouter une pincée de sel.

2. Avec les mains, défaire le tofu en gros morceaux.

3. Dans le récipient du robot culinaire, verser 30 ml (2 c. soupe) d'huile des tomates. Ajouter le tofu, l'oignon et l'origan. Directement au-dessus du récipient, presser le citron.

4. Réduire en purée lisse. Au besoin, selon la texture du tofu, ajouter de 15 à 30 ml (1 à 2 c. à soupe) d'eau pour obtenir une consistance plus souple.

5. Transvider la tartinade de tofu dans le bol avec les légumes et bien mélanger. Servir avec des crudités et des craquelins ou tartiner dans un sandwich.

Se conserve 5 jours au réfrigérateur et ne se congèle pas.

NOTE La texture du tofu ferme varie un peu selon la marque choisie. Pour cette recette, il est préférable d'utiliser un tofu lisse et souple plutôt qu'un tofu granuleux et plus compact.

VALEUR NUTRITIVE (POUR 30 ML / 2 C. À SOUPE)

Calories 61 — Protéines 4 g — Lipides 4 g — Glucides 2 g — Fibres 0 g — Sodium 46 mg

Vinaigrette crémeuse
au basilic p. 158
→

Bar à légumes grillés

Vinaigrette à l'orange
p. 159
←

Vinaigrette crémeuse au basilic

Contrairement à votre marmaille, les légumes grillés se laisseront crémer sans rouspéter !

DONNE ENVIRON 160 ML (2/3 TASSE)

PRÉPARATION – 10 MIN

INGRÉDIENTS

Échalote française – 1
Basilic frais – 30 ml (2 c. à soupe)
Yogourt grec nature – 80 ml (1/3 tasse)
Huile d'olive – 30 ml (2 c. à soupe)
Vinaigre de vin blanc – 30 ml (2 c. à soupe)
Poivre et sel

PRÉPARATION

1. Hacher finement l'échalote et le basilic.
2. Dans un petit bol, mélanger tous les ingrédients. Poivrer généreusement et ajouter une pincée de sel.
3. Servir sur une salade ou des légumes grillés.

Se conserve 5 jours au réfrigérateur et ne se congèle pas.

VALEUR NUTRITIVE (POUR 15 ML / 1 C. À SOUPE)

Calories 28 – Protéines 1 g – Lipides 3 g – Glucides 1 g – Fibres 0 g – Sodium 17 mg

Vinaigrette à l'orange

L'après-soleil préféré des légumes grillés !

DONNE ENVIRON 180 ML (3/4 TASSE)

PRÉPARATION – 5 MIN

INGRÉDIENTS

Jus d'orange – 60 ml (1/4 tasse)
Vinaigre de riz – 60 ml (1/4 tasse)
Huile d'olive – 30 ml (2 c. à soupe)
Sirop d'érable – 30 ml (2 c. à soupe)
Huile de sésame grillé – 5 ml (1 c. à thé)

PRÉPARATION

1 Dans un petit bol, mélanger tous les ingrédients.

2 Servir sur une salade ou des légumes grillés.

Se conserve 5 jours au réfrigérateur et ne se congèle pas.

VALEUR NUTRITIVE (POUR 15 ML / 1 C. À SOUPE)

Calories 35 – Protéines 0 g – Lipides 3 g – Glucides 3 g – Fibres 0 g – Sodium 1 mg

Bar à crudités

← Labneh au zaatar p. 162

← Labneh au paprika fumé p. 163

Labneh au zaatar

Le labneh : un bon allié pour protéiner votre assiette de crudités !

PORTIONS – 8

PRÉPARATION – 5 MIN

INGRÉDIENTS

Fromage labneh (voir p. 252) – 250 ml (1 tasse)
Huile d'olive – 15 ml (1 c. à soupe)
Thym séché – 2,5 ml (1/2 c. à thé)
Sumac (voir p. 253) – 2,5 ml (1/2 c. à thé)
Graines de sésame – 2,5 ml (1/2 c. à thé)

PRÉPARATION

1 Déposer le labneh dans un petit bol.

2 Verser l'huile et garnir de thym, de sumac et de graines de sésame.

3 Servir avec des crudités et des craquelins.

Cette recette est meilleure préparée à la dernière minute.

NOTE Le zaatar (voir p. 253) est un mélange d'épices originaire du Liban. Il contient traditionnellement du thym séché, des graines de sésame et du sumac.

VALEUR NUTRITIVE

Calories 63 – Protéines 3 g – Lipides 5 g – Glucides 2 g – Fibres 0 g – Sodium 84 mg

Labneh au paprika fumé

Fenouil, concombre et poivron se bousculeront pour s'y saucer !

PORTIONS — 8

PRÉPARATION — 5 MIN

INGRÉDIENTS

Fromage labneh (voir p. 252) — 250 ml (1 tasse)

Huile d'olive — 15 ml (1 c. à soupe)

Paprika fumé (voir p. 252) — 2,5 ml (1/2 c. à thé)

Flocons de piment fort — 1 pincée

Fleur de sel — 1 pincée

PRÉPARATION

1 Déposer le labneh dans un petit bol.

2 Verser l'huile et garnir de paprika fumé, de flocons de piment fort et de fleur de sel.

3 Servir avec des crudités et des craquelins.

Cette recette est meilleure préparée à la dernière minute.

VALEUR NUTRITIVE

Calories 63 — Protéines 3 g — Lipides 5 g — Glucides 2 g — Fibres 0 g — Sodium 102 mg

Maîtrisez la cuisson du poisson

Allez à la pêche aux compliments

Trop délicat pour le barbecue, le poisson ? C'est vrai qu'il est plus fragile que le porc, le bœuf ou le poulet. Ce n'est peut-être pas avec lui que vous accomplirez vos premiers exploits sur le gril, mais grâce à ces quelques trucs, vous pourrez plonger dans la confection de votre souper sans échouer. Rondelles d'agrumes, écorces d'ananas ou tranches de fenouil, planche de cèdre et feuille de cuisson : voici mes solutions pour éviter que le souper ne tombe à l'eau ou plutôt, entre les grilles du barbecue.

Maquereaux farcis aux tomates séchées et au chorizo

Osez le poisson entier, que ce soit votre prise ou celle du poissonnier !

PORTIONS — 4

PRÉPARATION — 15 MIN

CUISSON — 20 MIN

INGRÉDIENTS

Tomates séchées dans l'huile — 60 ml (1/4 tasse)

Chorizo (voir p. 252) — 60 g (2 oz)

Persil frais — 60 ml (1/4 tasse)

Citron — 1

Poivre

Maquereaux entiers — 2 poissons éviscérés ou environ 1 kg (2 lb)

Fenouils (voir p. 252) — 2

Huile d'olive — 15 ml (1 c. à soupe)

Feuille de cuisson réutilisable pour grillades (de type Cookina)

PRÉPARATION

1. Préchauffer le barbecue à puissance élevée pour atteindre environ 290 °C (550 °F).
2. Hacher finement les tomates séchées, le chorizo et le persil. Déposer dans un petit bol. Directement au-dessus du bol, à l'aide d'une râpe fine, zester le citron, puis le presser. Mélanger et poivrer généreusement.
3. Farcir les poissons du mélange de tomates séchées.
4. Couper les fenouils sur la longueur en tranches d'environ 1,25 cm (1/2 po). À l'aide d'un pinceau de cuisine, badigeonner les tranches de fenouil d'huile.
5. Réduire la puissance du barbecue à feu moyen pour atteindre environ 200 °C (400 °F).
6. Placer la feuille de cuisson sur la grille du barbecue. Déposer les tranches de fenouil et les maquereaux sur la feuille de cuisson, fermer le couvercle et cuire 10 minutes.
7. Retourner les tranches de fenouil. Retourner le poisson et le déposer sur les tranches de fenouil. Fermer le couvercle et poursuivre la cuisson 10 minutes.
8. Déposer les maquereaux et les tranches de fenouil dans une grande assiette et servir.

Cette recette est meilleure préparée à la dernière minute, mais se conserve 3 jours au réfrigérateur.

VALEUR NUTRITIVE

Calories 304 — Protéines 22 g — Lipides 20 g — Glucides 12 g — Fibres 5 g — Sodium 405 mg

Morue tex-mex et salsa
↓ à l'ananas p. 171

Saumon fondant à l'aneth
p. 173
←

Morue tex-mex et salsa à l'ananas

L'écorce d'ananas se pose sur le barbecue pour une petite escale avant d'atterrir dans le compost, sa destination finale.

PORTIONS – 4

PRÉPARATION – 20 MIN

CUISSON – 15 MIN

INGRÉDIENTS

Assaisonnement au chili à la mexicaine (voir p. 252) — 10 ml (2 c. à thé)
Gingembre moulu — 2,5 ml (1/2 c. à thé)
Poivre et sel
Filet de morue issue de la pêche durable — 450 g (1 lb)

SALSA À L'ANANAS

Oignon rouge — 1/4
Ananas — 1
Coriandre fraîche — 125 ml (1/2 tasse)
Lime — 1/2
Sel — 1 pincée

PRÉPARATION

1 Hacher finement l'oignon rouge. Déposer dans un bol moyen et couvrir d'eau froide. Réserver.

2 Dans un petit bol, mélanger l'assaisonnement au chili et le gingembre moulu. Poivrer généreusement et ajouter une pincée de sel.

3 Couper la morue en quatre. Saupoudrer du mélange d'épices.

4 Peler l'ananas en coupant l'écorce en larges bandes verticales. Réserver la chair pour préparer la salsa.

5 Préchauffer le barbecue à puissance élevée pour atteindre environ 290 °C (550 °F).

6 Déposer 4 morceaux d'écorce d'ananas sur la grille du barbecue, côté chair vers le haut. Placer les filets de morue sur les écorces, fermer le couvercle et cuire de 10 à 15 minutes, selon l'épaisseur des filets.

7 Pendant ce temps, couper une partie de l'ananas en dés pour obtenir environ 500 ml (2 tasses, voir Note). Hacher finement la coriandre.

8 Égoutter les oignons et les remettre dans le bol. Ajouter l'ananas et la coriandre. Directement au-dessus du bol, presser la demi-lime. Ajouter le sel et mélanger.

9 Garnir la morue de salsa à l'ananas et servir avec du riz et des quartiers de lime, si désiré.

Cette recette est meilleure préparée à la dernière minute, mais se conserve 3 jours au réfrigérateur.

NOTE Utilisez le reste de l'ananas pour préparer le sundae grillé (voir p. 215)

VALEUR NUTRITIVE

Calories 146 – Protéines 21 g – Lipides 1 g – Glucides 14 g – Fibres 2 g – Sodium 163 mg

Saumon fondant à l'aneth

Un poisson qui se fait bronzer sur un lit de citron, c'est très bon !

PORTIONS – 4

PRÉPARATION – 15 MIN

CUISSON – 30 MIN

INGRÉDIENTS

Citrons – 2

Aneth frais – 60 ml (1/4 tasse)

Poivre – 2,5 ml (1/2 c. à thé)

Sucre – 2,5 ml (1/2 c. à thé)

Sel – 1 ml (1/4 c. à thé)

Filet de saumon issu de la pêche durable, sans la peau – 450 g (1 lb)

PRÉPARATION

1 Préchauffer le barbecue à puissance élevée pour atteindre environ 290 °C (550 °F).

2 Directement au-dessus d'un petit bol, à l'aide d'une râpe fine, zester les citrons, puis les trancher. Hacher finement l'aneth et déposer dans le bol.

3 Ajouter le poivre, le sucre et le sel. Bien mélanger.

4 Répartir le mélange d'assaisonnements sur le poisson.

5 Réduire la puissance du barbecue à feu moyen pour atteindre environ 200 °C (400 °F). Éteindre le (ou les) brûleur(s) au centre du barbecue.

6 Placer les tranches de citron côte à côte au centre de la grille. Déposer le saumon sur les tranches de citron, fermer le couvercle et cuire de 25 à 30 minutes ou jusqu'à ce que la chair du saumon soit tendre et se détache facilement à la fourchette.

7 Déposer le saumon et les tranches de citron dans une grande assiette et servir.

Se conserve 3 jours au réfrigérateur ou 2 mois au congélateur.

VALEUR NUTRITIVE

Calories 211 – Protéines 22 g – Lipides 13 g – Glucides 1 g – Fibres 0 g – Sodium 181 mg

Saumon au miso et à l'érable

Bien qu'il cuise sur une planche de cèdre, votre haie n'a pas à s'inquiéter, tout se trouve au supermarché !

PORTIONS – 8

PRÉPARATION – 15 MIN

REPOS – 30 MIN

CUISSON – 25 MIN

INGRÉDIENTS

Gingembre frais — 15 ml (1 c. à soupe) râpé
Gousse d'ail — 1
Pâte de miso (voir p. 252) — 30 ml (2 c. à soupe)
Sirop d'érable — 30 ml (2 c. à soupe)
Vin blanc — 30 ml (2 c. à soupe)
Vinaigre de riz — 5 ml (1 c. à thé)
Poivre
Filet de saumon issu de la pêche durable, sans la peau — 1 kg (2 lb)
Planche de cèdre

PRÉPARATION

1 Préparer la planche de cèdre en la plongeant dans l'eau au moins 1 heure avant de l'utiliser (voir Note). Au besoin, déposer une conserve sur la planche pour la garder complètement submergée.

2 À l'aide d'une râpe fine, sans le peler, râper le gingembre. Hacher finement l'ail.

3 Dans un petit bol, mélanger le gingembre, l'ail, le miso, le sirop d'érable, le vin et le vinaigre. Poivrer généreusement.

4 Déposer le saumon dans un grand contenant hermétique et répartir la marinade sur le poisson. Réfrigérer 30 minutes.

5 Préchauffer le barbecue à puissance élevée pour atteindre environ 290 °C (550 °F).

6 Réduire la puissance du barbecue à feu moyen pour atteindre environ 200 °C (400 °F). Déposer la planche de cèdre sur la grille du barbecue.

7 Déposer le poisson sur la planche de cèdre, fermer le couvercle et cuire de 20 à 25 minutes ou jusqu'à ce que la chair du saumon soit tendre et se détache facilement à la fourchette.

8 Servir le poisson avec des nouilles soba et des bok choys grillés. Garnir de graines de sésame, si désiré.

Se conserve 3 jours au réfrigérateur ou 3 mois au congélateur.

NOTE Le trempage empêche la planche de brûler pendant la cuisson. Toutefois, si la planche s'enflamme, utilisez un vaporisateur d'eau pour éteindre les flammes et poursuivre la cuisson. Vérifiez avec votre municipalité si vous pouvez la placer au compost après l'avoir utilisée.

VALEUR NUTRITIVE

Calories 240 – Protéines 23 g – Lipides 13 g – Glucides 5 g – Fibres 0 g – Sodium 214 mg

Pratique poulet

Simple à préparer, difficile à rater

Le poulet est une valeur sûre dans le monde entier. Il est super polyvalent et on en mange sur tous les continents. Pour le cuisiner, inspirez-vous d'un pays qui vous fait rêver. Mexique, Inde, Argentine, Thaïlande ou Jamaïque ? Choisissez la destination et la marinade suivra. Pour prendre de l'avance, congelez votre poulet directement dans sa marinade. La veille, placez le poulet mariné au frigo pour qu'il décongèle doucement. Partez travailler en sachant que votre souper est enligné.

Marinade à l'indienne

Dans un contenant hermétique, mélanger 125 ml (1/2 tasse) de yogourt grec nature, 15 ml (1 c. à soupe) de poudre de cari, 7,5 ml (1/2 c. à soupe) de sirop d'érable, 2,5 ml (1/2 c. à thé) de cumin moulu, le jus de 1/2 lime et 1 ml (1/4 c. à thé) de coriandre moulue.

Déposer 4 cuisses de poulet (environ 1 kg / 2 lb) dans la marinade, mélanger pour bien les enrober et réfrigérer pour un minimum de 2 heures. Préchauffer le barbecue à puissance élevée pour atteindre environ 290 °C (550 °F). Éteindre le (ou les) brûleur(s) au centre du barbecue et déposer les cuisses de poulet au centre de la grille. Fermer le couvercle et cuire 15 minutes en retournant à mi-cuisson.

Le poulet cru dans la marinade se conserve 2 jours au réfrigérateur ou 6 mois au congélateur. Le poulet cuit se conserve 4 jours au réfrigérateur ou 3 mois au congélateur.

Marinade miel et ail

Dans un contenant hermétique, mélanger 80 ml (1/3 tasse) de miel, 15 ml (1 c. à soupe) de sauce soya réduite en sodium, 2 gousses d'ail hachées finement et 2,5 ml (1/2 c. à thé) de paprika fumé (voir p. 252).

Déposer 12 hauts de cuisse de poulet (environ 1 kg / 2 lb) dans la marinade, mélanger pour bien les enrober et réfrigérer pour un minimum de 2 heures. Préchauffer le barbecue à puissance élevée pour atteindre environ 290 °C (550 °F). Éteindre le (ou les) brûleur(s) au centre du barbecue et déposer les hauts de cuisse au centre de la grille. Fermer le couvercle et cuire 15 minutes en retournant à mi-cuisson.

Le poulet cru dans la marinade se conserve 2 jours au réfrigérateur ou 6 mois au congélateur. Le poulet cuit se conserve 4 jours au réfrigérateur ou 3 mois au congélateur.

Marinade jerk à la jamaïcaine

Dans un contenant hermétique, mélanger 45 ml (3 c. à soupe) de vinaigre de cidre, 30 ml (2 c. à soupe) de ketchup, 30 ml (2 c. à soupe) de sauce soya réduite en sodium, 15 ml (1 c. à soupe) de piment de la Jamaïque moulu, 5 ml (1 c. à thé) de thym séché et 5 ml (1 c. à thé) de piment de Cayenne moulu.

Déposer 12 pilons de poulet sans la peau (environ 1,5 kg / 3 lb) dans la marinade, mélanger pour bien les enrober et réfrigérer pour un minimum de 2 heures. Préchauffer le barbecue à puissance élevée pour atteindre environ 290 °C (550 °F). Éteindre le (ou les) brûleur(s) au centre du barbecue et déposer les pilons de poulet au centre de la grille. Fermer le couvercle et cuire 18 minutes en retournant à mi-cuisson.

Le poulet cru dans la marinade se conserve 2 jours au réfrigérateur ou 6 mois au congélateur. Le poulet cuit se conserve 4 jours au réfrigérateur ou 3 mois au congélateur.

Marinade lime et coriandre

Dans un contenant hermétique, mélanger 125 ml (1/2 tasse) de coriandre fraîche hachée, le jus de 2 limes, 2 gousses d'ail hachées finement et 5 ml (1 c. à thé) de sauce de poisson (voir p. 253).

Déposer 4 poitrines de poulet (environ 1 kg / 2 lb) dans la marinade, mélanger pour bien les enrober et réfrigérer pour un minimum de 2 heures. Préchauffer le barbecue à puissance élevée pour atteindre environ 290 °C (550 °F). Éteindre le (ou les) brûleur(s) au centre du barbecue et déposer les poitrines de poulet au centre de la grille. Fermer le couvercle et cuire 20 minutes en retournant à mi-cuisson.

Le poulet cru dans la marinade se conserve 2 jours au réfrigérateur ou 6 mois au congélateur. Le poulet cuit se conserve 4 jours au réfrigérateur ou 3 mois au congélateur.

Marinade chipotle

Dans un contenant hermétique, mélanger 80 ml (1/3 tasse) de miel et 60 ml (1/4 tasse) de sauce Tabasco chipotle. Poivrer généreusement.

Déposer 12 pilons de poulet sans la peau (environ 1,5 kg / 3 lb) dans la marinade, mélanger pour bien les enrober et réfrigérer pour un minimum de 2 heures. Préchauffer le barbecue à puissance élevée pour atteindre environ 290 °C (550 °F). Éteindre le (ou les) brûleur(s) au centre du barbecue et déposer les pilons de poulet au centre de la grille. Fermer le couvercle et cuire 18 minutes en retournant à mi-cuisson.

Le poulet cru dans la marinade se conserve 2 jours au réfrigérateur ou 6 mois au congélateur. Le poulet cuit se conserve 4 jours au réfrigérateur ou 3 mois au congélateur.

Nutrition Facts
Valeur nutritive
Calories 50
200 ml

Le BBQ improvisé

Pour échapper au train-train quotidien

Même les plus organisés ont besoin de décrocher l'été. Ça fait un bien fou à la créativité que de cuisiner sans cadre ni méthode. Vous vous sentirez en congé, même après une journée passée à travailler. Pas compliqué, vide-frigo (et vide-cerveau !) : composez avec ce que vous avez sous la main ou faites un saut au marché, au kiosque maraîcher ou chez le boucher pour compléter. Il suffit simplement d'avoir une idée et de suivre l'élan du moment. Vive la spontanéité !

Un touski inspiré de l'Asie

Composez un bol-repas avec plein de légumes frais, des herbes du jardin, du kimchi, du riz et les restes de viande du barbecue de la veille, pour leur donner une seconde vie.

L'épluchette de blé d'Inde

Pendant que le maïs se fait bronzer sur le barbecue, concoctez une salsa avec les légumes du jardin. Garnissez ensuite les épis de beurre, de feta, de mayo épicée ou d'assaisonnements, selon ce que vous avez à la maison.

La soirée hot-dog

Saucisses européennes et pain baguette. Choucroute ou salade de chou. Quelques condiments. Des crudités. Des copains. Voilà les ingrédients pour un parfait festin allemand !

Le rub

Frottez, grillez, et le tour est joué !

Si telle la cigale vous avez passé l'après-midi à faire la belle vie et n'avez rien planifié pour le souper, inutile d'aller crier famine chez la voisine. Une pièce de viande, une marinade sèche, et c'est réglé. Vivement le barbecue pour transformer le tout en festin d'été. Même pas besoin de mariner, on frotte le *rub* sur la pièce de viande et on la fait griller. Goûteux sans être laborieux. Et en plus de ça, ces marinades sèches se conservent plusieurs mois. Ça donne vraiment envie de faire la cigale et de chanter tout l'été !

6 rubs pour réinventer vos grillades

Choisissez votre pièce à griller, badigeonnez d'un peu d'huile, enrobez d'une de ces marinades sèches et hop sur le barbecue. Rubba dabba doo !

AUX ÉPICES CHINOISES

60 ml (1/4 tasse) de cassonade
20 ml (4 c. à thé) d'assaisonnement aux 5 épices chinoises
10 ml (2 c. à thé) de sel

MAROCAIN

60 ml (1/4 tasse) de ras-el-hanout (voir p. 253)
30 ml (2 c. à soupe) de cassonade
5 ml (1 c. à thé) de sel
1 ml (1/4 c. à thé) de piment de Cayenne moulu

BLOODY CAESAR

60 ml (1/4 tasse) de paprika fumé (voir p. 252)
30 ml (2 c. à soupe) de poudre d'ail
30 ml (2 c. à soupe) de sel de céleri
2,5 ml (1/2 c. à thé) de piment de Cayenne moulu

MEXICAIN

30 ml (2 c. à soupe) de cassonade
30 ml (2 c. à soupe) d'assaisonnement au chili à la mexicaine (voir p. 252)
15 ml (1 c. à soupe) de paprika fumé (voir p. 252)
15 ml (1 c. à soupe) de poudre d'ail
2,5 ml (1/2 c. à thé) de cumin moulu
2,5 ml (1/2 c. à thé) de sel

FATTOUCHE

45 ml (3 c. à soupe) de sumac (voir p. 253)
45 ml (3 c. à soupe) de graines de sésame
15 ml (1 c. à soupe) de thym séché
5 ml (1 c. à thé) de sel

BBQ

60 ml (1/4 tasse) de cassonade
20 ml (4 c. à thé) de moutarde en poudre
20 ml (4 c. à thé) de paprika
10 ml (2 c. à thé) de sumac (voir p. 253)
10 ml (2 c. à thé) de poudre d'ail
10 ml (2 c. à thé) de sel
1 ml (1/4 c. à thé) de piment de Cayenne moulu

Chop de porc BBQ

Une côlette de coupe « hôtel » enrobée de *rub* BBQ, grillée et simplement servie avec des asperges et des grelots. Tout ce qu'il faut pour prendre ça mollo.

Salade fattouche au poulet grillé

Une poitrine de poulet enrobée de *rub* fattouche, de la laitue, des concombres, des tomates et des pitas croustillants, pour une salade-repas inspirée du Moyen-Orient.

La sauce

Un secret que tout le monde connaît

On le sait, tout est toujours meilleur avec de la sauce. Complément parfait de la grillade, elle transforme n'importe quel plat un peu ennuyant en un repas gourmand. Et en attendant que vous deveniez maître du gril, la sauce est aussi là pour sauver vos plats imparfaits. Trop cuit ? Un peu sec ? Ajoutez une sauce et, comme par magie, vous dissimulerez une cuisson qui a mal tourné. Ne dites rien et laissez la sauce tout camoufler.

Chimichurri rojo

Dans un bol moyen, mélanger 375 ml (1 1/2 tasse) d'herbes fraîches au choix (coriandre, basilic, persil, aneth...) hachées finement, 250 ml (1 tasse) de poivrons rouges grillés marinés hachés finement, 1 échalote française hachée finement, 45 ml (3 c. à soupe) d'huile d'olive, 30 ml (2 c. à soupe) de vinaigre de vin rouge et 2,5 ml (1/2 c. à thé) de sauce piquante sriracha. Poivrer généreusement, ajouter une pincée de sel et servir.

Donne environ 500 ml (2 tasses).
Se conserve 2 jours au réfrigérateur
et ne se congèle pas.

←

Sauce crémeuse à la moutarde et au miel

Dans un petit bol, mélanger 125 ml (1/2 tasse) de yogourt grec nature, 60 ml (1/4 tasse) de miel, 30 ml (2 c. à soupe) de moutarde à l'ancienne (moutarde de Meaux) et 30 ml (2 c. à soupe) de moutarde de Dijon. Servir.

Donne environ 250 ml (1 tasse).
Se conserve 5 jours au réfrigérateur
et ne se congèle pas.

→

Salsa piquante à l'ananas

Peler 1 ananas et le couper en tranches d'environ 1,25 cm (1/2 po). Sans fermer le couvercle, cuire les tranches d'ananas sur le barbecue à puissance élevée (environ 290 °C / 550 °F) 5 minutes en retournant à mi-cuisson. Couper l'ananas grillé en dés et déposer dans un bol moyen. Ajouter 1 poivron rouge haché, 2 oignons verts hachés, 1/2 piment jalapeno haché, 15 ml (1 c. à soupe) de vinaigre de cidre, 2,5 ml (1/2 c. à thé) de cumin moulu et une pincée de sel. Bien mélanger et servir.

Donne environ 1 L (4 tasses).
Cette recette est meilleure préparée à la dernière minute.

←

Mayo au raifort

Dans un petit bol, mélanger 125 ml (1/2 tasse) de mayonnaise, 125 ml (1/2 tasse) de yogourt grec nature et 30 ml (2 c. à soupe) de raifort (voir p. 253). Poivrer généreusement et ajouter une pincée de sel. Servir.

Donne environ 250 ml (1 tasse).
Se conserve 5 jours au réfrigérateur et ne se congèle pas.

→

Sauce citronnée aux pistaches

Prélever les suprêmes de 1 citron en coupant les extrémités et en longeant le fruit pour retirer la pelure, la membrane blanche et une fine couche de chair. Passer le couteau entre chacune des membranes qui sépare les quartiers.
Hacher les suprêmes et déposer dans un petit bol. Directement au-dessus du bol, presser le reste des membranes pour en retirer le maximum de jus. Ajouter 125 ml (1/2 tasse) de pistaches naturelles hachées grossièrement, 1 échalote française hachée finement, 15 ml (1 c. à soupe) d'huile d'olive, 10 ml (2 c. à thé) de miel et une pincée de sel. Bien mélanger et servir.

Donne environ 180 ml (3/4 tasse).
Se conserve 3 jours au réfrigérateur et ne se congèle pas.

←

Sauce aux câpres et aux fines herbes

Dans un petit bol, mélanger 750 ml (3 tasses) d'herbes fraîches au choix (coriandre, basilic, persil, aneth...) hachées finement, 30 ml (2 c. à soupe) de câpres hachés finement, 1 gousse d'ail hachée finement et 15 ml (1 c. à soupe) d'huile d'olive. Servir.

Donne environ 375 ml (1 1/2 tasse).
Se conserve 2 jours au réfrigérateur et ne se congèle pas.

→

Sauce BBQ

Dans une casserole moyenne, mélanger 1 boîte de 796 ml de tomates broyées, 125 ml (1/2 tasse) de cassonade, 125 ml (1/2 tasse) de compote de pommes non sucrée, 125 ml (1/2 tasse) de vinaigre de cidre, 30 ml (2 c. à soupe) de moutarde en poudre, 15 ml (1 c. à soupe) de paprika fumé (voir p. 252), 15 ml (1 c. à soupe) de sauce Worcestershire végétalienne ou régulière (sauce anglaise), 5 ml (1 c. à thé) de cumin moulu, 5 ml (1 c. à thé) de poudre d'ail, de 2,5 à 5 ml (1/2 à 1 c. à thé) de flocons de piment fort (au goût) et une pincée de sel. Porter à ébullition à feu vif, réduire à feu doux et laisser mijoter 30 minutes en remuant régulièrement. Servir la sauce chaude ou froide.

Donne 1 L (4 tasses).
Se conserve 1 semaine au réfrigérateur
ou 6 mois au congélateur.

←

Salsa de concombre et de radis

Dans un petit bol, mélanger 1/2 concombre haché finement, 6 radis hachés finement, 125 ml (1/2 tasse) d'aneth frais haché finement et 1 oignon vert haché finement. Directement au-dessus du bol, presser 1 lime. Mélanger, poivrer généreusement et ajouter une pincée de sel. Servir.

Donne 375 ml (1 1/2 tasse).
Se conserve 2 jours au réfrigérateur
et ne se congèle pas.

→

Desserts d'été

Grillés ou glacés, à vous de décider

Pas question d'utiliser le four en pleine canicule pour cuire un gâteau. Profitez plutôt des fruits parfaitement mûrs et ajoutez de la crème glacée pour terminer votre souper sur une note sucrée. Envie de vous amuser ? Concoctez un dessert glacé fait maison ou faites griller vos fruits préférés sur le barbecue. Pas plus long qu'une marche jusqu'à la crémerie du quartier ! Faciles, crémeux, parfumés, chocolatés, fruités, sages ou décadents... le choix est difficile ? La bonne nouvelle, c'est que vous avez tout l'été pour les essayer !

Pêches grillées au miel

En cuisinant votre souper, profitez du barbecue déjà allumé pour préparer ce dessert pas compliqué.

PORTIONS – 4

PRÉPARATION – 15 MIN

CUISSON – 7 MIN

INGRÉDIENTS

Pêches mûres – 4

Fromage frais quark (voir Note) – 1 pot de 375 g

Miel – 60 ml (1/4 tasse), divisé

PRÉPARATION

1 Préchauffer le barbecue à puissance élevée pour atteindre environ 290 °C (550 °F).

2 Couper les pêches en quartiers.

3 Déposer les quartiers de pêche sur la grille du barbecue. Sans fermer le couvercle, cuire de 5 à 7 minutes ou jusqu'à ce que les pêches soient bien grillées, en retournant à mi-cuisson.

4 Pendant ce temps, dans un bol moyen, mélanger le quark et 45 ml (3 c. à soupe) de miel. Répartir dans 4 bols.

5 Ajouter les pêches et garnir du miel restant (15 ml / 1 c. à soupe). Servir.

Cette recette est meilleure préparée à la dernière minute.

NOTE Si vous n'avez pas de fromage quark, vous pouvez très bien le remplacer par 500 ml (2 tasses) de yogourt grec nature.

VALEUR NUTRITIVE

Calories 181 – Protéines 13 g – Lipides 1 g – Glucides 35 g – Fibres 3 g – Sodium 33 mg

Sundae grillé

Fondez comme une crème glacée au soleil devant ce dessert grillé.

PORTIONS — 4
PRÉPARATION — 15 MIN
CUISSON — 5 MIN

INGRÉDIENTS

Ananas (voir Note) — 1/2
Fraises — 500 ml (2 tasses)
Crème glacée à la vanille — 500 ml (2 tasses)

GARNITURE, AU CHOIX

Arachides salées
Flocons de noix de coco rôtie
Chocolat fondu
Caramel ou dulce de leche

PRÉPARATION

1 Préchauffer le barbecue à puissance élevée pour atteindre environ 290 °C (550 °F).

2 Peler l'ananas et le couper en cubes.

3 Enfiler les cubes d'ananas sur 4 brochettes. Répéter avec les fraises.

4 Déposer les brochettes sur la grille du barbecue. Sans fermer le couvercle, cuire 5 minutes ou jusqu'à ce que les fruits soient bien marqués, en retournant à mi-cuisson.

5 Répartir les brochettes de fruits dans 4 assiettes. Ajouter une boule de crème glacée, garnir au goût et servir immédiatement.

Cette recette est meilleure préparée à la dernière minute.

NOTE Utilisez les écorces d'ananas et le reste de l'ananas pour préparer la morue tex-mex et la salsa à l'ananas (voir p. 171).

VALEUR NUTRITIVE

Calories 313 — Protéines 7 g — Lipides 13 g — Glucides 46 g — Fibres 4 g — Sodium 79 mg

Poires aux épices chaï

Des poires bronzées qui en ont long à raconter.

PORTIONS – 8

PRÉPARATION – 15 MIN

CUISSON – 20 MIN

INGRÉDIENTS

Poires – 4
Gingembre frais – 1 morceau de 2,5 cm (1 po)
Gousses de cardamome – 6
Clous de girofle – 3
Bâton de cannelle – 1
Graines de coriandre – 2,5 ml (1/2 c. à thé)
Sirop d'érable – 125 ml (1/2 tasse)
Menthe fraîche (facultatif)

PRÉPARATION

1. Préchauffer le barbecue à puissance élevée pour atteindre environ 290 °C (550 °F).
2. Couper les poires en deux et retirer le cœur.
3. Réduire la puissance du barbecue à feu moyen pour atteindre environ 200 °C (400 °F).
4. Déposer les poires sur la grille du barbecue, face coupée vers le bas. Fermer le couvercle et cuire de 15 à 20 minutes ou jusqu'à ce que la pointe d'un couteau s'insère facilement dans la chair des poires.
5. Pendant ce temps, trancher finement le gingembre et écraser les gousses de cardamome.
6. Dans un petit poêlon préchauffé à feu moyen-vif, sans ajouter de matière grasse, dorer la cardamome, les clous de girofle, la cannelle et les graines de coriandre 3 minutes en remuant à quelques reprises.
7. Ajouter le gingembre et verser le sirop d'érable. Porter à ébullition, réduire à feu doux et laisser mijoter 10 minutes (voir Note).
8. Répartir les demi-poires grillées dans 8 assiettes, garnir de sirop aux épices chai et de feuilles de menthe, si désiré.

Cette recette est meilleure préparée à la dernière minute.

NOTE Vous pouvez préparer le sirop à l'avance et le conserver au réfrigérateur 1 semaine. Vous pouvez aussi doubler la recette de sirop aux épices chaï et conserver le surplus pour parfumer un thé ou verser sur de la crème glacée.

VALEUR NUTRITIVE

Calories 113 – Protéines 0 g – Lipides 0 g – Glucides 28 g – Fibres 3 g – Sodium 4 mg

Trempette-dessert à l'érable

Un dessert spontané pour célébrer les fruits d'été.

PORTIONS — 6

PRÉPARATION — 5 MIN

INGRÉDIENTS

Fromage frais quark (voir Note p. 213) — 1 contenant de 375 g
Sirop d'érable — 60 ml (1/4 tasse)
Extrait de vanille — 10 ml (2 c. à thé)
Cannelle moulue — 2,5 ml (1/2 c. à thé)

PRÉPARATION

1 Dans un bol moyen, mélanger tous les ingrédients.

2 Servir avec des fruits frais.

Se conserve 5 jours au réfrigérateur et ne se congèle pas.

VALEUR NUTRITIVE

Calories 79 — Protéines 8 g — Lipides 0 g — Glucides 11 g — Fibres 0 g — Sodium 24 mg

Semifreddo à la vanille

Les Italiens ont toujours eu le tour d'allier élégance et simplicité.

PORTIONS – 8

PRÉPARATION – 25 MIN

REPOS – 4 H 15

INGRÉDIENTS

Œufs – 2
Fromage ricotta – 500 ml (2 tasses) ou 1 contenant de 475 g
Fromage à la crème – 80 ml (1/3 tasse) ramolli
Miel – 80 ml (1/3 tasse)
Extrait de vanille – 10 ml (2 c. à thé)
Biscuits Graham – 4
Pistaches naturelles – 60 ml (1/4 tasse)
Chocolat noir – 30 g (1 oz) ou 80 ml (1/3 tasse) en copeaux
Framboises – 125 ml (1/2 tasse)

PRÉPARATION

1. Dans deux grands bols, séparer les jaunes et les blancs d'œufs.
2. Au batteur électrique (mixette), fouetter les blancs d'œufs environ 2 minutes à vitesse maximale pour les monter en neige et obtenir des pics fermes. Réserver.
3. Dans le bol avec les jaunes d'œufs, ajouter la ricotta, le fromage à la crème, le miel et la vanille. Au batteur électrique (mixette), fouetter à vitesse élevée jusqu'à l'obtention d'une consistance lisse et crémeuse.
4. Incorporer délicatement les blancs d'œufs dans le mélange de ricotta en pliant à l'aide d'une spatule en silicone.
5. Transvider dans un moule à pain (voir Note) et congeler pour un minimum de 4 heures ou jusqu'à ce que la préparation soit ferme au toucher. Au moment de servir, retirer du congélateur et laisser reposer 15 minutes à température ambiante.
6. Concasser les biscuits Graham et hacher grossièrement les pistaches.
7. Démouler le semifreddo en le renversant dans une assiette. À l'aide d'un économe, faire des copeaux de chocolat directement au-dessus du semifreddo. Garnir de biscuits Graham, de pistaches et de framboises.
8. Trancher et servir.

Se conserve 1 mois au congélateur.

NOTE Un moule à pain en silicone est idéal pour cette recette, car il facilite le démoulage. Vous pouvez aussi utiliser un moule en métal : au moment de servir, trempez-le environ 30 secondes dans l'eau chaude pour vous faciliter la tâche.

VALEUR NUTRITIVE

Calories 228 – Protéines 10 g – Lipides 11 g – Glucides 23 g – Fibres 1 g – Sodium 216 mg

Sorbet à la mangue

Record de chaleur ? Préparez ce dessert glacé en un temps record !

PORTIONS – 6

PRÉPARATION – 10 MIN

INGRÉDIENTS

Mangues surgelées – 1 sac de 600 g

Lait de coco – 1 boîte de 398 ml

Miel – 60 ml (1/4 tasse)

PRÉPARATION

1 Déposer tous les ingrédients dans le récipient du robot culinaire. Mélanger jusqu'à l'obtention d'une texture lisse.

2 Servir immédiatement (voir Note).

Se conserve 2 mois au congélateur.

NOTE S'il reste du sorbet, versez-le dans des moules à sucettes glacées et congelez-les pour un minimum de 4 heures.

VALEUR NUTRITIVE

Calories 194 – Protéines 1 g – Lipides 10 g – Glucides 29 g – Fibres 1 g – Sodium 20 mg

Lait frappé choco-avoine

Coup de circuit assuré avec ce frappé sans produits laitiers !

PORTION — 1

PRÉPARATION — 10 MIN

REPOS — 2 H

INGRÉDIENTS

Boisson d'avoine non sucrée — 250 ml (1 tasse)

Flocons d'avoine à cuisson rapide — 30 ml (2 c. à soupe)

Cacao — 30 ml (2 c. à soupe)

Sirop d'érable — 30 ml (2 c. à soupe)

Extrait de vanille — 5 ml (1 c. à thé)

PRÉPARATION

1. Déposer tous les ingrédients dans un pot Mason d'une capacité de 500 ml (2 tasses). Réfrigérer pour un minimum de 2 heures.

2. Verser le contenu du pot Mason dans le récipient du mélangeur électrique (*blender*) et mixer jusqu'à l'obtention d'une texture lisse. Servir.

Cette recette est meilleure préparée à la dernière minute.

NOTE Contrairement au *milkshake* classique, notre version de lait frappé ne contient pas de crème glacée. En y ajoutant de l'avoine, on obtient quand même un résultat hyper onctueux, avec une belle dose de fibres en bonus !

VALEUR NUTRITIVE

Calories 302 — Protéines 8 g — Lipides 5 g — Glucides 60 g — Fibres 7 g — Sodium 87 mg

PROPERTY OF
MOLSON'S
BREWERY
MOLSON'S

Cocktails festifs

Levons notre verre à la belle saison

Étendu dans un hamac, à l'ombre d'un arbre avec un bon livre, bien calé dans le matelas gonflable dans la piscine, aux commandes du barbecue ou confortablement installé sur la terrasse, tous les endroits sont parfaits pour s'accorder une vraie pause… un petit *drink* à la main ! Pour petits et grands, pour tous les goûts, avec ou sans alcool, je vous propose des cocktails rafraîchissants, pour le plaisir de siroter, de vous arrêter, de décrocher.

Slush à la pêche et au vin blanc

Une *slush* pour adultes seulement.
Montrez votre carte d'identité si vous en voulez !

PORTIONS — 4

PRÉPARATION — 10 MIN

INGRÉDIENTS

Pêches surgelées — 1 sac de 600 g

Vin blanc (voir Notes) — 500 ml (2 tasses)

Miel — 60 ml (1/4 tasse)

Pêche — 1 (facultatif)

PRÉPARATION

1 Dans le récipient du mélangeur électrique (*blender*), déposer les pêches surgelées, le vin blanc et le miel. Mixer jusqu'à l'obtention d'une consistance de *slush*. Au besoin, selon la puissance et la capacité du mélangeur, procéder en deux étapes pour éviter de surcharger l'appareil.

2 Verser dans 4 verres. Si désiré, trancher une pêche pour décorer les verres. Servir immédiatement.

Cette recette est meilleure préparée à la dernière minute.

NOTES Pour une version sans alcool, remplacez tout simplement le vin par la même quantité de jus de pommes.

Selon le nombre de portions désirées, utilisez 250 ml (1 tasse) de pêches surgelées, 125 ml (1/2 tasse) de vin blanc et 15 ml (1 c. à soupe) de miel par personne. Pratique pour un petit *drink* de dernière minute !

VALEUR NUTRITIVE

Calories 229 — Protéines 1 g — Lipides 0 g — Glucides 34 g — Fibres 1 g — Sodium 6 mg

Limonade rose

Crème à la glace, limonade sucrée, dis-moi le nom de ton cavalier !

PORTIONS – 6
PRÉPARATION – 10 MIN
CUISSON – 1 MIN

INGRÉDIENTS

Framboises fraîches ou surgelées – 125 ml (1/2 tasse)
Citrons – 4
Eau – 1,5 L (6 tasses)
Sucre – 80 ml (1/3 tasse)
Glaçons – au goût

PRÉPARATION

1. Dans un bol allant au four à micro-ondes, chauffer les framboises 1 minute.
2. Transférer les framboises dans un tamis au-dessus d'un bol. À l'aide d'une cuillère en bois, écraser les framboises pour récupérer le maximum de jus. Directement au-dessus du tamis, presser les citrons.
3. Verser le jus dans un pichet.
4. Verser l'eau et ajouter le sucre. Mélanger et servir avec des glaçons.

Se conserve 3 jours au réfrigérateur et ne se congèle pas.

VALEUR NUTRITIVE

Calories 57 – Protéines 0 g – Lipides 0 g – Glucides 15 g – Fibres 1 g – Sodium 0 mg

Thé glacé à l'hibiscus

Combattez la canicule avec un ventilateur et cette boisson d'ailleurs qui fera fureur !

PORTIONS — 4

PRÉPARATION — 5 MIN

REPOS — 10 MIN

INGRÉDIENTS

Fleurs d'hibiscus (voir Note) — 125 ml (1/2 tasse)
Eau — 500 ml (2 tasses)
Menthe fraîche — 125 ml (1/2 tasse)
Miel — 60 ml (1/4 tasse)
Glaçons — au goût

PRÉPARATION

1. À l'aide d'un tamis, rincer les fleurs d'hibiscus sous l'eau froide.
2. Dans une petite casserole, porter l'eau à ébullition à feu vif. Retirer du feu, ajouter les fleurs d'hibiscus et la menthe. Couvrir et laisser infuser 10 minutes.
3. Incorporer le miel.
4. À l'aide du tamis, filtrer la boisson directement au-dessus d'un contenant hermétique et réfrigérer.
5. Pour déguster, diluer avec la même quantité d'eau. Servir avec des glaçons.

Se conserve 1 semaine au réfrigérateur ou 1 mois au congélateur.

NOTE Aussi appelées fleurs de la Jamaïque, les fleurs d'hibiscus séchées sont traditionnellement infusées pour préparer une boisson très rafraîchissante, connue sous le nom de *bissap* en Afrique ou *agua de Jamaica* au Mexique. On les trouve dans certains magasins d'aliments naturels ou dans les épiceries latino-américaines.

VALEUR NUTRITIVE

Calories 66 — Protéines 0 g — Lipides 0 g — Glucides 18 g — Fibres 0 g — Sodium 0 mg

Mojito aux queues de fraises

Un *drink* qui fait jaser, et pas juste parce qu'il est alcoolisé !

PORTION – 1

PRÉPARATION – 10 MIN

REPOS – 24 H

INGRÉDIENTS

Lime – 1/2

Menthe fraîche – 30 ml (2 c. à soupe)

Sucre – 7,5 ml (1/2 c. à soupe)

Glaçons – au goût

Club soda – 125 ml (1/2 tasse)

Infusion de queues de fraises (voir Notes) – 60 ml (1/4 tasse)

Rhum blanc – 45 ml (3 c. à soupe)

PRÉPARATION

1 Couper la demi-lime en deux et presser directement au-dessus d'un verre.

2 Ajouter la menthe et le sucre. À l'aide du manche d'une cuillère en bois, écraser la menthe dans le verre environ 30 secondes, jusqu'à ce qu'elle devienne vert foncé. Déposer les morceaux de lime dans le verre.

3 Remplir le verre de glaçons.

4 Verser le club soda, l'infusion de queues de fraises et le rhum. Mélanger et servir.

Cette recette est meilleure préparée à la dernière minute.

NOTES

Pour préparer une infusion de queues de fraises, remplissez un pot Mason d'une capacité de 500 ml (2 tasses) de queues de fraises. Verser de l'eau bouillante sur les queues de fraises pour remplir le pot Mason, fermer le couvercle et réfrigérer 24 heures. Avant de préparer un mojito, filtrez la préparation à l'aide d'un tamis. Vous obtiendrez environ 375 ml (1 1/2 tasse) d'infusion de queues de fraises, soit assez pour préparer 6 mojitos.

VALEUR NUTRITIVE

Calories 133 – Protéines 1 g – Lipides 0 g – Glucides 9 g – Fibres 1 g – Sodium 21 mg

INDEX PAR ALIMENT

INDEX PAR SUJET

5 INGRÉDIENTS ET MOINS

30 MINUTES ET MOINS

SANS ARACHIDES ET NOIX

Pour ces recettes, toujours choisir des ingrédients certifiés sans arachides et/ou sans noix.

SANS GLUTEN

Pour ces recettes, toujours choisir des ingrédients certifiés sans gluten.

SANS PRODUITS LAITIERS

Pour ces recettes, toujours choisir des ingrédients certifiés sans produits laitiers.

SANS SOYA

Pour ces recettes, toujours choisir des ingrédients certifiés sans soya.

LISTE DES RECETTES

Le garde-manger

Vous ne connaissez pas certains des ingrédients utilisés dans ce livre ? Visitez mon garde-manger sur savourer.ca ; je vous y explique où les trouver, comment les conserver et dans quelles recettes les utiliser.

Assaisonnement au chili à la mexicaine

Chapelure panko

Chorizo

Fenouil

Fromage labneh

Garam masala

Paneer

Paprika fumé

Pâte de miso

Pâte harissa

Raifort

Ras-el-hanout

Sauce aux huîtres

Sauce de poisson

Sauce hoisin

Sumac

Tostadas de maïs

Zaatar

Remerciements

J'ai la chance d'avoir une équipe formidable qui grandit et se soude un peu plus à chaque livre de cette belle collection. Des filles investies, dédiées et tellement créatives. Je les admire toutes. **Maude Beauregard**, **Ginette Gauthier**, **Marianne Denis**, **Andrée-Anne Harvey**, **Cynthia Chaput**, **Mylène Tétreault, Adrianne Langlois, Justine Lauzon** et **Mélanie Green**.

Pour ce livre, je tiens à souligner plus particulièrement le travail de mon équipe en cuisine formée de **Jef L'Ecuyer** et **Marie-Pier Leroux**.

Lorsque je leur ai parlé de mon idée de faire un livre de barbecue santé, j'ai vu leurs visages blêmir. Mi-intimidées, mi-paniquées... elles m'ont avoué que le barbecue, ce n'était pas leur truc. Loin d'envisager cela comme un frein, j'y ai vu l'opportunité de repartir à la case départ pour développer des recettes réellement faciles et accessibles et démystifier, une fois pour toutes, la cuisson sur le gril.

Si ce livre existe, c'est parce que toute l'équipe a mis en commun ses forces et ses expériences. Nous nous sommes retroussé les manches, et nous y sommes arrivées ensemble, en partageant nos trucs, nos tests, nos découvertes. Chapeau, les filles !

À ce beau noyau créatif s'est greffée mon équipe artistique, qui traduit nos recettes en images toujours aussi inspirantes. Ce livre gorgé de soleil est encore plus beau que je ne l'imaginais. Chaque photo m'aide à poursuivre ma mission en donnant envie de cuisiner sainement et simplement. **Catherine Gravel**, directrice de création, **Maude Chauvin**, photographe, **Daniel Raiche**, styliste en chef, **Marie-Christine Champagne**, styliste culinaire, **Emilie Deshaies**, directrice artistique, et **Charles Gravel**, réviseur. Sans oublier **Sébastien G. Côté**, qui veille sur mes projets avec générosité.

Merci aux Éditions de l'Homme. **Judith Landry** et **Christian Jetté**, chaque nouveau titre de cette belle collection est l'occasion de vous remercier encore et encore pour votre confiance. C'est un privilège d'évoluer à vos côtés. Merci à votre équipe si rigoureuse et attentionnée qui plonge dans chaque livre avec enthousiasme et curiosité : **Emilie Mongrain**, **Frédérique Grenouillat**, **Diane Denoncourt**, **Chantal Landry**, **Sylvie Tremblay**, **Lucie Desaulniers**, **Sylvie Massariol**, **Nicolas Pellet** et **Nathalie Vital.**

Et merci à vous tous d'être là, de cuisiner mes recettes, d'en redemander et de me suivre dans mes aventures gourmandes.

Maude et Stéphane, mes amours
Ma maman chérie
Ma famille et mes amis, qui sont toujours là pour moi

Merci !

Suivez-nous sur le Web

Consultez nos sites Internet et inscrivez-vous à l'infolettre pour rester informé en tout temps de nos publications et de nos concours en ligne. Et croisez aussi vos auteurs préférés et notre équipe sur nos blogues !

EDITIONS-HOMME.COM
EDITIONS-JOUR.COM
EDITIONS-PETITHOMME.COM
EDITIONS-LAGRIFFE.COM
RECTOVERSO-EDITEUR.COM
QUEBEC-LIVRES.COM
EDITIONS-LASEMAINE.COM

Cet ouvrage a été achevé d'imprimer sur les presses
d'Imprimerie Transcontinental, Beauceville, Canada